Markus

Gabriel

마르쿠스 가브리엘 / 김남시

<컴북스이론총서>는
현대를 호흡하는 사상가들을 소개합니다.
단순한 사상의 축약, 해제가 아닙니다.
해당 사상가를 연구해 온 전문가가 직접
사상가의 핵심 키워드 10개를 뽑아 해설하고 비평합니다.
인간과 비인간, 현실과 가상, 문화와 야만의
경계를 넘나드는 모든 사상을 싣겠습니다.
오늘을 살아가는 모든 이의 나침반이 되겠습니다.

컴북스이론총서

마르쿠스 가브리엘

김남시

대한민국, 서울, 커뮤니케이션북스, 2024

마르쿠스 가브리엘

지은이 김남시
펴낸이 박영률

초판 1쇄 펴낸날 2024년 4월 5일

커뮤니케이션북스
출판 등록 제313-2007-000166호(2007년 8월 17일)
02880 서울시 성북구 성북로 5-11
전화 (02) 7474 001, 팩스 (02) 736 5047
commbooks@commbooks.com
www.commbooks.com

ISBN 979-11-288-2821-8 04160

책값은 뒤표지에 표시되어 있습니다.

마르쿠스 가브리엘은 누구인가

마르쿠스 가브리엘(Markus Gabriel, 1980~)은 현재 독일 본대학교 철학 교수로, 이탈리아 철학자 마우리치오 페라리스(Maurizio Ferraris)와 함께 신실재론(New Realism)이라 불리는 철학적 흐름을 대표하고 있다. 2011년 페라리스와 가브리엘이 조직한 콘퍼런스를 출발점으로 하는 신실재론 진영은 "포스트모더니즘, 더 일반적으로는 데이비드 흄(David Hume)과 이마누엘 칸트(Immanuel Kant) 이래 유럽에서 지배적이었던 철학의 비실재론적(non-realist) 전통에 맞서는 생산적인 이론적 대안의 발전"(Kanev, 2019: 9)을 과제로 내세운다.

'신실재론'이라는 용어를 제안한 페라리스에게 실재론의 복귀는 해방적 기획으로 출발했던 포스트모더니즘이 초래한 철학적·정치적·사회적 위기 상황을 극복하려는 실천적 제안을 의미한다. 포스트모던 사유의 대표자인 리처드 로티(Richard Rorty)에 따르면 우리의 생각이나 행동은 세계의 거울이 아니며, 진리는 존재하지 않는다. 로티는 진리가 없다는 것을 받아들이면서 사회적·정치적 협

v

상 과정은 올바른 길이나 올바른 가치 체계의 발견이 아니라 공동체의 유지를 목표로 해야 한다는 '통찰'을 공유하는 자들을 아이러니스트(ironist)라고 부르며, 이러한 아이러니스트들의 공동체를 이야기한다(Gabriel, 2020: 224).

2012년 출간된 《신실재론 매니페스토(Manifesto of New Realism)》에서 페라리스는 포스트모더니즘이 진리의 문제를 권력 투쟁의 문제로 환원해 지식의 타당성과 정당성을 위기에 빠뜨렸고, '사실은 없고 오직 해석일 뿐'이라는 아이러니한 태도를 보편화해 '탈진실(post-truth)' 상황을 초래했으며, 해방적 욕망을 과잉 활성화해 극단적 상대주의와 포퓰리즘을 낳았다고 진단한다(Ferraris, 2012). 가브리엘은 포스트모더니즘이 초래한 이러한 위기의 또 다른 원인으로 구실재론의 허약한 틈새를 차지하며 등장한 자연주의(naturalism)를 추가한다.

안타깝게도 지난 몇십 년 동안 독일에서는 공론장에서의 철학적 논쟁 문화가 부분적으로 쇠퇴했다. 그렇게 된 주요 원인은 내가 보기에 자연주의에 있다. 자연주의에 따르면, 모든 참된 앎과 진보는 한편으로는 자연과학과 다른 한편으로 인간의 생존 조건에 대한 기술적 지배의 조합으로 환원될 수 있다. 그러나 이것은 근본적인 착각, 심지어 위험한 미망이다. 그 미망은 오늘날 이데올로기적 위기의 형태로 우리를 덮친다. 또한 (당연한 말이지만) 정말로 사라진 적이 결코 없는, 실재에 대한 거창한 설명 패턴으로서의 종교가 귀환하는 형태로, 실은 존재한 적이 없는 과거의 민족적 정체성을 호출하는 이른바 '포퓰리스트'의 선동적 유혹으로, 또한 인터넷이라는 새로운 주도 매체를 통해 발생한 공론장의 위기로 우리를 덮친다. 이 모든 위기를 사상적으로 극복하려면 새로운 철학적 사유의 노력이 반드시 필요하다.··· 오늘날 철학은 탈사실[탈진실] 시대의 거짓말에 맞선 저항이다. 철학은 대안적 사실에 관한 터무니없는 주장에 반발하고, 음모론과 근거 없는 종말론 시나리오에 반발한다.··· 이런 연유로 나는 이 책에서도 시대에 적합한, 계몽된 인본주의를 편들 것이다.(가브리엘, 2021: 13)

한편으로는 비실재론과 회의주의에 맞서 지식의 타당성과 객관성을 확보하고, 다른 한편으로는 자연주의에 맞서 물질 영역으로 환원되지 않는 실재에 대한 새로운 철학적 기반을 세우는 일. 이것이 오늘날의 위기를 넘어서기 위해 철학이 수행해야 할 과제다.

이를 위해 가브리엘은 2013년 출간해 세계적 베스트셀러가 된 《왜 세계는 존재하지 않는가(Warum es die Welt nicht gibt)》에서 새로운 실재론의 핵심 테제를 소개했고,

2015년에는 인간의 의식과 마음을 물리·화학적 과정으로 환원해 설명하는 신경중심주의를 비판하는 책 ≪나는 뇌가 아니다(Ich ist nicht Gehirn)≫로 자연주의와 대결을 벌였다. 2018년에는 예술의 가치를 상대화·주관화하는 미적 구성주의에 맞서 인간 정신을 매개로 자신을 실현하는 예술의 실재를 다룬 ≪예술의 힘(Le Pouvoir De L'Art)≫과, 인간의 '마음'에 대한 자연주의적 논의의 문제를 지적하며 '정신적 생물'로서 인간론을 제시한 ≪신실존주의(Neo-Existentialismus)≫를 출간했다. 2020년에는 도덕적 상대주의에 맞서 도덕적 가치의 실재성을 주장하는 ≪어두운 시대 도덕적 진보: 21세기를 위한 보편적 가치들(Moralischer Fortschritt in dunklen Zeiten: universale Werte für das 21. Jahrhundert)≫을 내놓는 등, 놀라운 생산력으로 우리 시대 철학적 계몽의 과업을 추진하고 있다.

대중 철학자 가브리엘

가브리엘은 대중 철학서로 분류되는 책들을 많이 출간했다. 그를 유명하게 만든 ≪왜 세계는 존재하지 않는가≫, ≪나는 뇌가 아니다≫와 더불어 스스로 주요 저작이라 칭하는 ≪생각이란 무엇인가(Der Sinn des Denkens)≫는 기본적으로 철학 전문가가 아닌 일반 독자를 염두에 두고 쓴 책이다. (하지만 절대 쉽게 읽히지 않는다는 것이 함정이긴 하다.) 이 외에도 국내에 아직 번역 소개되지 않은 다른 책들, 독일에서 베스트셀러가 된 ≪어두운 시대 도덕적 진보≫나 ≪동물로서 인간: 그럼에도 왜 우리는 자연에 들어맞지 않는가(Der Mensch als Tier: Warum wir trozdem nicht in die Natur passen)≫ 등도 일반 독자를 대상으로 쓴 책이다.

부지런히 일반 독자들을 향한 철학서를 내놓는 것은 가브리엘이 "어두운 시대"라 칭하는 이 시대에 철학이 "새로운 계몽"을 수행해야 한다고 여기는 그 자신의 태도와 무관하지 않다. 이를 위해 가브리엘은 저술은 물론 다양한 강연과 토크, 방송 출연 등의 기회도 적극 활용한다. (유튜브 검색만 해 보아도 독일어, 영어로 진행한 가브리엘의 강연 영상 수십 개를 찾을 수 있다.)

전문 철학자 가브리엘

그런데 이러한 활동의 바탕에 전문 독자들을 향한 본격 철학 연구서들이 자리 잡고 있다는 사실은 상대적으로 잘 알려져 있지 않다. 일본의 사상잡지 ≪현대사상(現代思想)≫은 2018년 10월 마르쿠스 가브리엘 특집 임시 증간호를 발행했는데, 여기서 가브리엘 저서들의 요약을 제공한다. 이를 기반으로 가브리엘의 본격 철학 저작들을 간략히 소개하고자 한다(現代思想, 2018: 284∼291).

≪신화 속의 인간: 셸링의 ≪신화의 철학≫에서 존재신론, 인간학, 자기의식의 역사에 관한 연구(Der Mensch im Mythos: Untersuchungen über Ontotheologie, Anthropologie und Selbstbewußtseinsgeschichte in Schellings "Philosophie der Mythologie")≫는 2006년 하이델베르크대학교에 제출된 가브리엘의 박사 논문이다. 여기서 가브리엘은 프리드리히 셸링(Friedrich Wilhelm von Schelling)의 후기 대표작 ≪신화의 철학(Philosophie der Mythologie)≫이 인간의 재정의를 시도하고 있다고 본다. 전통적으로 인간은 이성적 동물이라고 여겨져 왔지만 이성은 인간의 본질을 나타내지 않는다. 오히려 인간은 이중의 의미에서 신화 속에 있다. 곧 인간은 처음부터 신화의 자기생성 프로세스에 연루되어 있었으며, 그럼에도 자신을 신화의 내부에 등장시켜 자기의식에 도달한다. 이 셸링 해석의 모티브는 이후 가브리엘 철학의 기저에 재등장한다. 인간을 자기 자신의 자화

상에 입각해 행위 하는 '정신적 생물'로 정의하는 신실존
주의, 인간의 정신을 숙주로 삼아 자기 자신을 실현하는 예
술에 대한 논의가 그것이다.

《고대에서 회의론과 관념론(Skeptizismus und Idealismus in der Antike)》은 2009년 하이델베르크대학교에 제출된 가브리엘의 교수 자격 논문이다. 여기서 가브리엘은 철학사의 중심 문제 중 하나인 '외부세계'를 테마로 삼는다. '외부세계'는 그 인정 여부를 둘러싸고 실재론과 관념론이 구분되는 시금석이면서, 이 외부세계 인식에 대한 회의로부터 근대철학이 출발했다는 점에서 신실재론이 해결해야 할 핵심 주제이기도 하다. 이는 이후 '세계는 존재하지 않는다'라는 신실재론의 테제로 발전해 간다. 이 연구에서 가브리엘은 플로티노스(Plotinos)의 유출설에서 외부세계 문제의 극복 가능성을 보는데, 이는 신실재론 지각 이론의 유출 이론으로 이어진다.

2011년 출간된 《초월론적 존재론: 독일 관념론에 대한 에세이들(Transcendental Ontology: Essays in German Idealism)》은 존재 자체를 다루는 존재론 대신, 존재에 접근할 가능성을 다루는 인식론이 우위에 선 근대철학 패러다임에 대한 근본적 문제 제기다. 가브리엘은 존재론적 문제의식을 놓치지 않았던 칸트와 헤겔(Georg Wilhelm

Friedrich Hegel), 마르틴 하이데거(Martin Heidegger) 등 대륙철학의 기조를 옹호하는 입장에서 이를 '초월론적 존재론'으로 재구축한다. 초월론적 존재론은 "어떤 인식론적 조건에서 존재하는 것에 접근 가능한가"가 아니라, "이런 인식론적 조건이 성립하려면 어떤 존재론적 조건이 충족되어야 하는가"라고 질문한다. 인식 주체와 존재를 분리하는 근대철학의 패러다임에 맞서, 초월론적 존재론은 "인식하는 주체도 존재한다"라는 전제에서 출발해, '존재 분석'이 '존재에 대한 주체의 접근 분석'에 방법론적으로 선행해야 함을 주장한다. 이 관점은 신실재론의 핵심 아이디어다.

이 외에도 가브리엘은 2012년 ≪세계의 인식: 인식론 입문(Die Erkenntnis der Welt: Eine Einführung in die Erkenntnistheorie)≫에서 신실재론 인식론의 골격을 제시하고, 2016년 ≪의미와 존재: 실재론적 존재론(Sinn und Existenz: Eine realistische Ontologie)≫을 통해 ≪왜 세계는 존재하지 않는가≫에서 제기한 의미장 존재론(Sinnfeld-ontologie)의 논점들을 다양한 각도에서 철저하게 논증하면서 캉탱 메이야수(Quentin Meillassoux)의 실재론과 알랭 바디우(Alain Badiou)의 존재론과도 대결하고 있다.

가브리엘 읽기

국내에도 다수 번역 소개된 가브리엘의 철학서를 양가적 감정으로 읽는 독자가 적지 않을 것 같다. 가브리엘의 논의는 너무 상식적이고, 당연하고 올바르기만 해 큰 설득력이 없는 것처럼 느껴지다가도 돌연 상당히 급진적이고 도발적인 주장들로 우릴 당황하게 한다. 그 이유는 철학(사) 자체의 구조에 있다. 사실상 가브리엘의 신실재론은 우리의 상식적 관점("내가 보는 사물이 내가 보는 대로 실재한다")을 대변하지만, 이런 상식적 관점을 철학적으로 논증하려면 비상식적으로 여겨지는 테제("세계는 존재하지 않는다")가 제기되어야 한다. 거꾸로 보자면 이는 신실재론이 극복하려는 기존 철학이 상식화된 믿음("존재하는 모든 것이 속하는 하나의 세계")에 기초해 비상식적 논제("사물은 우리가 지각하는 대로 존재하지 않고 우리는 사물에 대해 알 수 없다")를 옹호해 왔기 때문이다. 이 점에서 가브리엘을 읽는 일은 우리의 건전한 상식과 우리에게 익숙한 철학적 관점을 재전도하는 작업이기도 하다. 가브리엘 신실재론의 핵심 논제와 관련 논의들을 소개하는 이 책이 이 시대의 중요한 철학적 논제를 파악하는 데 도움이 되기를 바란다.

참고문헌

마르쿠스 가브리엘 지음, 전대호 옮김(2021). ≪생각이란 무엇인가≫.
   열린책들.

現代思想(2018). "総特集＝マルクス・ガブリエル". 2018年 10月
   臨時増刊号.

Ferraris, M.(2012). *Manifesto of New Realism*. SUNY Press.

Gabriel, M.(2020). *Moralischer Fortschritt in dunklen Zeiten:*
   universale Werte für das 21. Jahrhundert. Berlin: Ullstein
   Buchverlage GmbH.

Kanev, A.(2019). Why New Realism?. In Kanev, A.(ed.). *New*
   Realism: Problems and Perspectives. Sofia.

차례

일러두기

- 인명, 작품명, 저서명, 개념어 등은 한글과 함께 괄호 안에 해당 국가의 원어를 병기했습니다.
- 외래어 표기는 현행 어문규정의 외래어표기법을 따랐습니다.

01
중립적 실재론

신실재론은 '외부세계'라는 개념을 폐기한다는 점에서 기존 실재론과 구별된다. 존재하는 것 모두를 포괄하는 총체적 연관으로서 '세계' 또는 '자연·우주' 개념은 특정한 세계상을 전제하는 형이상학적 개념이다. 신실재론은 특정한 세계상과 세계 개념을 상정하지 않는 중립적 실재론이다.

중립적 실재론

보통 실재론은 '인간의 의식 · 정신으로부터 독립된 외부세계'의 존재를 승인하는 입장으로 이해된다. 이에 따르면 무엇인가가 실재하느냐는 물음은 그것이 우리의 표상이나 관념의 산물인가 아니면 '외부세계'에 속하는 것인가를 묻는 물음이 된다. 문제는 이 외부세계 개념이 그 형이상학적, 인식론적, 존재론적 특성 때문에 실재론을 잘못된 결론으로 이끈다는 데에 있다.

외부세계 개념은 우리의 의식 · 인식 · 판단에 독립적으로 존재하는 대상 모두를 일관된 통일성을 갖는 하나의 총체적 연관으로 파악하려는 형이상학적 개념이다. 근대 이후 지배적이게 된 자연주의의 세계상(Weltbild)은 외부세계를 물리학이나 자연과학이 대상으로 삼는 '자연'이나 '우주'와 동일시하는데, 여기서 '자연'이나 '우주'는 개개의 자연과학 연구가 다루는 상이한 탐구 대상들을 초월하는 '선험적으로 통일되어 있는 대상 영역'(Gabriel, 2016b: 12)으로 가정된다.

구실재론은 물리적 · 물질적 대상들의 총체로 상정된 이 외부세계 개념에 입각해 무엇인가가 존재함은 그 외부세계에 속한다는 것이라고 주장한다. 이렇게 되면 분명 의식으로부터 독립해 있으나 자연과학이나 물리학의 탐구 대상이 아닌 수많은 것들이 외부세계에서 배제된다. 예를 들어 나는 원하든 원하지 않든 대한민국 국민으로 태어났고 대한민국 국민으로서 내가 지닌 규범적 지위에는 여러 의무와 권리가 수반된다. 국방의 의무나 투표권 등은 내가 의식하지 않아도 존재한다는 점에서 분명 내 의식으로부터 독립해 있다. 그런데 이것들은 물리적·물질적 영역에 속하지 않으며 자연과학적 방법을 통해 확인할 수도 없다. 마찬가지로 영화 <에이리언>에 등장하는 우주 괴물이나 소설 ≪카라마조프가의 형제들≫의 드미트리는 내가 그를 알지 못해도 존재한다는 점에서 마찬가지로 의식으로부터 독립해 있다. 하지만 이들은 자연주의적으로 가정된 외부세계에 포괄되지 않으며 결과적으로 '실재'하지 않는 것으로 분류된다.

이러한 자연주의적 세계상은 자연과학의 대상 영역에 속하지 않는 법, 제도, 사회나 인간의 정신, 도덕적·종교적 가치 등을 물리적·물질적 실재에서 파생된 것으로 여기면서 존재하는 것들 사이에 위계를 상정한다.

가브리엘은 이러한 구실재론의 문제들을 넘어서면서도 비실재론으로 빠지지 않는 실재론을 구축하려고 시도한다. 그것이 '세계' 개념을 전제하지 않는 실재론, "대상들

또는 사실들의 무제약적 총체성에 대한 형이상학적 의무에 중립적"(Gabriel, 2016a: 12)인 실재론이다. 이는 2016년 발표한 글 "비자연주의적 실재론을 위하여(Für einen Nicht Naturalistischen Realismus)"(Gabriel, 2016b)와 "중립적 실재론(Neutraler Realismus)"(Gabriel, 2016a)에서 본격적으로 논의된다. 여기서 제시되는 신실재론은 "형이상학적이고 실체적이며 일원론적인 세계 상정"(Gabriel, 2016a: 12)을 필요로 하지 않는 중립적 실재론이다. 이때 "중립적"이라 함은 자연주의나 유물론처럼 특정한 세계상을 전제하지 않고, '무엇인가가 존재한다'는 것을 '외부 세계에 속한다'는 것과 동일시하지 않는다는 뜻이다. 우리가 서로 다르게 분류하거나 다르게 말하는 하나의 외부 세계가 있다는 가정은 실재론의 필수 전제가 아니기 때문이다.

실재론의 불가피성

모든 것을 포괄하는 전체로서 '세계'를 상정하지 않고도 어떻게 실재론일 수 있을까? 세계를 전제하지 않고서 무엇인가가 실재하며 객관적이라는 것을 어떻게 확인할 수 있을까? 이 질문에 가브리엘은 '사실성으로부터의 논증(Das

Argument aus der Faktizität)'으로 답한다.

　상관주의나 상대주의, 극단적 독아론(solipsism)조차 그들의 입장을 정당화하려면 어떤 지점에서 절대적 사실의 존재를 도입할 수밖에 없다. 한 주장의 참/거짓은 그 주장이 발화되는 주관적 관점에 따라 달라진다고 말하는 상대주의도, 자신의 의식 외에 그 어떤 객관적인 대상이나 사실도 존재하지 않는다고 주장하는 독아론도 그 주장 자체는 "그 누가 등록하지 않더라도, 그 누구의 눈에 띄지 않더라도 완전히 타당하게 개별화한 사실로 존속하는 사실"(Gabriel, 2016a: 12)이라고 전제한다. 가브리엘은 이를 "최대한 양상적으로 강고한 사실(die maximal modal robusten Tatsachen)"이라 부른다.

　우리들의 여러 진술이 참인 이유는, 그 진술이 존재한다고 주장하는 사실이 존재하기 때문이다. 지금 존재하는 사실 다수는 누군가 그런 의견을 형성하고 있지 않다 하더라도 의연히 존재한다. 이러한 사실을 최대한 양상적으로 강고한 사실이라 부르자. 최대한 양상적으로 강고한 사실이 존재하기에 우리는 실재론자가 되어야 하는 것이다. 최대한 양상적으로 강고한 사실에 경의를 표하는 태도의 일반적 명칭이 실재론이다. 반드시 특권화한 대상 영역에 속할 이유가 없는, 최대한 양상적으로 강고한 사실이 존재한다는 일반적 테제를 중립적 실재론의 근본 명제라고 부를 수 있다.(Gabriel, 2016b)

어떤 생각을 참이라고 여기려면 그것을 참으로 만들어 주는 사실이 존재해야 한다. 모든 것은 인식 주관의 레지스트리에 따라 다를 뿐 보편적인 것은 없다고 보는 상대주의와, 객관적인 것은 없고 오직 주관적 해석들만 있을 뿐이라 말하는 극단적 구성주의조차 자신의 진술이 "누군가 그런 의견을 형성하지 않더라도 의연히 존재하는 사실"에 부합하기에 참이라고 주장한다. 심지어 "그런 사실 따위도 존재하지 않아"라고 주장하는 이도 자신의 주장은 '양상적으로 강고한 사실'에 해당하며 참이라고 여기는 것이다. 극단적인 비실재론자조차 그 누구의 입장이나 관점에 의존하지 않는 사실이 존재한다는 실재론적 전제를 받아들이지 않을 수 없다. 우리는 어떤 경우에도 실재에서 벗어날 수 없다.

참고문헌

Gabriel, M.(2016a). *Neutraler Realismus:*
  Jahrbuch-Kontroversen 2. Buchheim, T.(hg.). Freiburg &
  München: Verlag Karl Alber.

Gabriel, M.(2016b). Für einen Nicht Naturalistischen Realismus.
  In Marazalek, M. & Mersch, D.(hg.). *Seien wir realistisch:*
  Neue Realismen und Dokimentarismen in Philosophie und
  Kunst. Diaphanes.

02
존재론적 다원주의

'세계'라는 형이상학적 가정은 존재하는 것들을 특정한 위계에 따라 분류하는 위계적 존재론으로 이어진다. 존재를 물질적인 것과 비물질적인 것으로 구분하고 후자가 전자에 의존한다고 보는 유물론이 대표적이다. 신실재론은 세계 개념을 폐기함으로써 다원주의적 존재론으로 나아간다. 대상 영역의 다원성과 복수성은 하나의 세계에 대한 복수적 해석·이해의 결과가 아니다.

형이상학과 존재론

신실재론은 최대한 양상적으로 강고한 사실이 존재한다는 데 기반을 둔다. 그런 사실들이 존재한다는 것은 어떻게 해도 부정할 수 없다. 그런 사실들의 존재가 신실재론의 출발점이다. 하지만 신실재론은 이 사실들이 '세계'라고 불리는 하나의 통일적인 융단(einheitlichen Teppiche der Tatsachen)을 구성하고 있다고 주장하지는 않는다. 이는 형이상학적 주장이기 때문이다.

가브리엘에게 형이상학(Metaphysik)은 포괄적인 현실, 존재하는 것 전체의 통일성을 상정하는 총체성의 이론이다. 존재하는 모든 것의 총합으로서 '세계'가 형이상학적 개념인 이유도 그 때문이다. 이와 달리 존재론(Ontologie)은 "'존재(Existenz)'란 무엇이고 무엇을 의미하는가"라는 질문을 다룬다. 존재론은 존재하는 모든 것의 총체성을 가정하지도, 존재하는 모든 것이 어떤 단일한 전체 내부에 연루되어 있다고 주장하지도 않는다. "존재하는 것 전부가 어떤 식의 형식으로 그 안에 묻혀 있는 포괄적 전체에 속하기에 비로소 어떤 것이 존재한다"는 것은 존재론의 전제가 아니다(Gabriel, 2016).

존재론과 형이상학의 구분은 신실재론의 중요한 포인

트다. "무엇이 존재하는가"와 "그것이 어떻게 존재하는 가"는 존재론의 질문이지만, 존재한다는 것은 "세계에 속하고, 세계 내에 있고, 세계 내에서 생겨나는 것이다"라는 주장은 존재에 대한 형이상학적 주장이다. 이 주장은 존재를 형이상학적으로 상정된 근본적 실재의 층인 '세계'와 관련지음으로써 존재론적 틀을 넘어선다. 구실재론의 문제는 존재론을 형이상학적 주장과 결합한 데서 생겨났다.

존재한다는 것을 '어떤 것이 세계에 있는 상태(in der Welt anwesend)'로 정의하면, "그 세계 자체는 (어디에) 존재하는가"라는 질문이 제기된다. 이 질문은 칸트가 ≪순수이성비판(Kritik der reinen Vernunft)≫ 중 '안티노미(antinomy)' 이론에서 경험의 대상으로서 세계 내 대상들과 경험 대상이 아닌 세계를 구별하며 제기한 바 있다. 우리가 경험할 수 있는 세계 내 대상들과 그 대상들의 총체로서 세계는 서로 다른 존재론적 층위를 지닐 수밖에 없는데, 칸트는 세계 내 대상들과 구별되는 '세계'를 통제적 이념으로 상정해 이 문제를 해결하려 했다.

세계는 존재하지 않는다

존재하는 것 전체를 포괄하는 형이상학적 개념인 '세계'를 고수하는 한 실재론은 헤어나기 힘든 인식론적 딜레마와 존재론적 문제들에 봉착한다. 따라서 신실재론은 (외부)세계라는 형이상학적 가정을 폐기해 구실재론과 결정적으로 결별한다. 이것이 "세계는 존재하지 않는다"(가브리엘, 2017)라는 가브리엘의 급진적 테제다.

'세계' 개념의 폐기는 회의주의와 상대주의를 넘어서는 존재론적 다원주의의 핵심 토대이자 의미장 존재론(Sinnfeldontologie)의 출발점이다. "세계가 존재하지 않는다"는 주장의 타당성은 다음과 같이 논증된다. 세계가 모든 존재하는 것이 '속해 있는' 처소라면, 그 세계는 어디에, 어떻게 존재하는가? 세계가 존재한다면 그 세계는 그보다 더 큰 무언가에 속해 있어야 한다. 그런데 자신보다 더 큰 무언가에 속해 있는 그 세계는 더 이상 '존재하는 모든 것의 총합체'가 아니게 될 것이다. 이 정의에 따르면 첫 번째 세계(1)를 포함하는 그보다 더 큰 세계(2)가 세계여야 하기 때문이다. 그렇다면 우리는 이 세계(2)가 어디에, 어떻게 존재하는지 다시 물을 수 있고, 그 대답은 재차 세계(3), 세계(4)…로 무한히 이어질 것이다. 고로 세계는 존재하지 않는다(가브리엘, 2017: 122~123).

존재하는 모든 것을 포괄하는 것으로서 세계는 존재하지 않는다. 다시 말해 존재하는 것들이 모두 속하는 하나의 기체(Substrat)는 존재하지 않는다. 존재하는 것들을 세계나 자연, 우주와 같은 하나의 총체적 연관으로 포괄하려는 형이상학적 시도는 이 점에서 철학적으로 근거 정립되기 어렵다. 신실재론은 "세계가 존재하지 않는다"라는 근본 테제에서 출발해 존재하는 것들의 다원성과 다층성을 인정하는 존재론적 다원주의로 나아간다.

존재론적 다원주의

구실재론을 대표하는 유물론과 자연주의는 물질적인 것을 모든 존재자의 기초이자 토대로 특권화한다. 자연과학으로 접근 가능한 것만 확실하게 존재한다고 보고 물리적으로 접근·설명할 수 없는 것들은 비존재나 파생물로 규정해 존재하는 것들 사이에 위계를 만든다. 자연주의적으로 주조된 '세계' 개념은 사랑, 가치, 역사 등이 물질적으로 접근 가능한 세계에 속하지 않는다는 이유로 그들의 존재를 선험적으로 배제하거나, 비물질적 실재를 물질적 실재로

13

환원한다. 인간 정신의 활동을 두뇌의 물리·화학적 변화로 환원하는 신경중심주의가 대표적이다(가브리엘, 2018).

반면 존재하는 것들의 전체로서 세계를 상정하지 않으면 어떤 것이 실재하지 않는다고 해서 그것을 선험적으로 배제할 이유가 없어진다. 존재하는 것들 모두가 자신의 존재성을 물질적·물리적 층위에 의탁하는 것은 아니기 때문이다. 물리적으로 증명할 수 없는 것도 수없이 존재한다. 실재하는 것들은 비균질적이다(가브리엘, 2021: 431). 우리가 보고, 듣고, 만질 수 있는 감각적 대상뿐 아니라 그런 방식으로 우리의 감각 레지스트리에 접수되지 않아도 우리가 영향받고, 고려하며, 생각하거나 상상하는 것들이 여럿 존재한다. 사회적 규범이나 법, 과거, 도덕적·미적 가치, 상상, 허구적 사건이나 인물 등이 이에 해당한다.

위 쿼크(up quark), 손, 독일 연방공화국, 과거, ≪파우스트 1부≫의 인물과 사건, 도덕적 사실도 우리가 그에 관해 참된 신념을 가질 수 있는 대상 영역에 속한다. 위 쿼크와 퀘이사(Quasar)가 그에 대한 우리들의 생각보다 더 정확하게 존재하고 있는 것은 아니고, 존재하는 데 도덕적 혹은 미적 사실보다 더 우월한 것도 아니며, 그에 대한 우리들의 생각을 참이나 거짓이게 하는 데 더 적합한 것도 아니다. 도덕적 사실과 물리학적 사실 사이에 존재론적(존재와 관련해) 격차는 없으며, 참이 될 수 있는 도덕적 언명을 정식화하기 위해 전자가 어떤 식으로든 후자에 결부되어야 하는 것도 아니다.(Gabriel, 2016: 62)

실재론적 다원주의

다원주의는 신실재론 이전부터 광범하게 알려진 입장이다. 그런데 이전의 다원주의는 비실재론에 입각해 있었다. 비실재론적 다원주의에 따르면 "영역의 복수성이 존재하는 것은 인간이 인식론적 실천에 기초해 세계를 분류"했기 때문이다. 이러한 다원주의는 우리의 인식적 실천을 통해 다원적으로 이해되고 해석되는 하나의 통일체로서 '세계'를 전제한다. "세계는 본래 거대한 통일체라 우리는 그것을 분절적으로 이해할 수밖에 없고", 다양하게 세계에 접근하며 이를 다원적으로 해석하는 "우리가 없다면 세계는 하나의 통일체일 것"(Gabriel, 2016: 62)이라고 주장한다.

이러한 비실재론적 다원주의는 외양상의 다원주의에도 불구하고 하나의 통일체로서 세계를 상정한다는 점에서 궁극적으로는 은폐된 자연주의의 여지를 남긴다. '세계'에

대한 다원적 접근과 해석의 복수성을 주창하면서도 궁극
적으로는 자연과학적 접근의 우위를 수용하는 것이다. '세
계'를 상정하지 않는 신실재론은 존재들의 다원성과 복수
성을 인간의 인식론적·담론적 실천의 결과로 여기지 않
는다. 존재들 자체가 이미 다원적이다. "우리가 구분해야
만 하는 세계가 존재하는 것이 아니라, 우리가 오류에 빠지
지 않으려면 파악해야 하는 구분들(Einteilungen)이 존재
하는 것"(Gabriel, 2016: 62)이다.

참고문헌

마르쿠스 가브리엘 지음, 김희상 옮김(2017). ≪왜 세계는 존재하지
　　않는가≫. 열린책들.

마르쿠스 가브리엘 지음, 전대호 옮김(2018). ≪나는 뇌가 아니다≫.
　　열린책들.

마르쿠스 가브리엘 지음, 전대호 옮김(2021). ≪생각이란 무엇인가≫.
　　열린책들.

Gabriel, M.(2016). Für einen nicht-naturalisitschen Realismus. In
　　Marazalek, M. & Mersch, D.(hg.). *Seien wir realistisch:*
　　Neue Realismen und Dokimentarismen in Philosophie und
　　Kunst. Diaphanes.

03
정신-세계 이원론

구실재론은 주체와 그 주체가 지각하고 인식하는 세계라는 이원론에 입각한다. 신실재론은 이를 문제 삼는다. 우리는 '세계'와 동떨어져 주관 속에 고립되어 있는 호문쿨루스가 아니다. 우리는 실재와 동일한 장에 존재하며 실재하는 우리의 감각을 통해 직접 실재와 접촉한다. 우리의 감각은 물론 실재를 지각하는 방식 자체도 실재적이다.

정신-세계 이원론

'세계' 개념은 '외부세계'와 '인식 주체'의 이원론을 수반한다. "우리가 다양하게 묘사하지만 그 자체는 묘사를 통해 만들어 낼 수 없는 하나의 현실"(Gabriel, 2016: 23)로서 세계와 그와 마주 서 있는 인식 주체의 이원론은 서양철학의 뿌리 깊은 패러다임이었다. 특히 구실재론은 실재가 갖는 '정신·의식으로부터의 독립성'을 강조한 나머지 인간 정신과 실재 사이에 건널 수 없는 심연을 만들어 놓았다.

정신과 (외부)세계의 이원론에 입각한 구실재론은 외부세계를 올바르게 인식하려면 우리의 주관적 시점이나 서 있는 지점을 초월한 "그 어디도 아닌 곳에서 바라보는 시점"(가브리엘, 2017: 149)을 취해야 한다고 주장한다. 인간의 감각이 우리 외부에 있는 실재에 대한 참된 인식을 왜곡하는 주관적 요소라고 보기 때문이다. 이로부터 귀결되는 철학적 결론은 "우리는 우리의 인지적 유한성 때문에 실재에 대해 알 수 없다"라는 회의주의다. 우리는 사물 자체에 직접 접근할 수 없고 오직 재현(Repräsentation)을 통해 간접적으로만 접근할 뿐이라는 "정신적 재현주의(der mentale Repräsentationalismus)"나 우리가 포착할 수 있는 것은 사물의 부분일 뿐이라는 "부분적 기술주의(der partielle Deskriptivismus)"(Gabriel, 2021: 460)도 이로부터 귀결된다.

신실재론은 이러한 이원론의 근본적 전환을 촉구한다. 실재의 참된 인식을 위해 "그 어디도 아닌 곳에서 바라보는 시점"을 요구하는 정신-세계 이원론은, 우리는 우리가 경험하는 사물들과 함께 이미 "세계의 한복판에 있다"(가브리엘, 2017: 150)는 사실을 간과한다. 우리는 외부세계로부터 고립되어 "일종의 영화관에 앉아 현실이라는 제목의 영화를 관람"(가브리엘, 2017: 149)하는 것이 아니다. 우리는 "언제나 현실을 어떤 구체적 지점에서 바라볼 뿐이다. 우리는 매번 그 어딘가에서 바라볼 뿐, 절대로 '그 어디도 아닌 곳'에서 관찰할 수 없다"(가브리엘, 2017: 166).

객관적 환영

에드문트 후설(Edmund Husserl)의 현상학은 우리가 사물을 지각할 때 그 사물의 한 측면(Seite, Facette)은 직접 지각하지만 그것이 그 사물의 다른 면들을 지각하지 못하게 한다는 '사영(寫影, Abschattung) 모델'을 제시했다(Gabriel, 2023: 302). 이 모델에 따르면 우리는 결코 사물 전체를 직접 지각할 수 없으며, 우리가 직접 지각한 사물의 측면들로부터 귀납적으로(induktiv) 도출해 낼 수 있을 뿐이다(Gabriel, 2023: 304). 사영 모델은 사물(의 한 측면)에 대한 직접적 지각 가능성을 인정하면서도("부분적 기술주의"), 사물 자체는 결국 우리 정신 내부의 심적 이미지로만 존재한다는 "정신적 재현주의"에 붙들려 있다.

신실재론 지각 이론은 사영 모델을 '유출(Abstrahlung) 모델'로 바꾼다. 이에 따르면 우리는 우리가 지각하는 사물과 동일한 장(場, Feld) 속에 있다. 우리의 감각은 그 장 안에서 대상과 직접 접촉하는데, 그때 우리에게 나타나는 대상의 모습은 의식이 만들어 낸 주관적 표상이 아니라 그 장 안에 있는 우리 자신과 대상의 관계에 의해 생겨나는 객관적 구조다(Gabriel, 2023: 311). 지구에서 볼 때 태양은 작은 점이나 얼룩처럼 보이고, 물이 든 컵 안의 빨대는 휘어져 보인다. 이는 인간 감각의 생물학적·생리학적 조건과 빛의 굴절이라는 인과적 상호작용에 의해 생겨난 객관적 "환영(Illusion)"(가브리엘, 2022: 40)이다.

객관적 환영은 그 자체로 오류의 원천이 아니다. 오류는 환영을 환영이 아니라고 간주할 때, 태양이 실제로 손바닥만 하다거나 빨대가 정말 휘어져 있다고 여길 때 생긴다. 환영은 실재하는 우리 감각이 실재하는 대상과 직접 접촉하기에 생겨나는 것이다. 우리는 광학, 기하학, 신경과학, 시(視)과학, 의학, 심리학 등을 통해 그 구조를 연구할 수 있다. 감각은 우리와 실재 사이에 놓인 필터가 아니다. 감각은 실재가 우리에게 특정한 방식으로 나타나게 해 주는 매체로, 우리와 실재 사이의 인터페이스다.

우리는 실재의 일부이며, 우리의 감각은 우리 자신인 실재하는 놈과 우리 자신이 아닌 실재하는 놈 사이의 접촉을 이뤄 내는 매체다. 이 매체들에 대해 독립적인 어떤 실재가 있고, 이 매체들이 그 실재를 왜곡하는 것이 아니다. 오히려 이 매체들 자체가 실재하는 놈, 바로 인터페이스다.(가브리엘, 2021: 40)

우리는 사진을 통해 한 대상이 나에게 나타나는 모습이 그 대상과 나의 관계에 의한 객관적 구조임을 확인할 수 있다. 한 장의 사진에서 우리는 피사체뿐 아니라 그 피사체를 찍은 사진가가 피사체와 맺는 관계도 알 수 있다. 사진가는 피사체를 '그 어디도 아닌 시점'에서 찍을 수 없다. 피사체와 같은 장 속에 있는 사진가는 늘 특정 위치와 시점에서 피사체를 촬영하며, 그렇게 찍힌 사진에는 사진가가 피사체에 어디에서 어떻게 접근했는가가 가시화되어 나타난다.

피사체가 사진가에게 보이는 방식은 사진가의 정신이 만들어 내는 것이 아니라 사진 촬영의 장 내에서 피사체와 사진가가 맺는 관계에 의해 생겨나며, 그 자체가 이미 실재적이다.

> 지각이란 ① 지각의 대상이 ② '지각하는 자'에게 ③ 지각적 환영의 형태로 모습을 드러내는 세 겹의 관계임에 주목하자. 우리는 이 관계를 지각 대상의 특질로 이해할 수 있다. 지각의 대상은 지각되는 관계 내에 위치하고 있다는 특질을 지닌다. 이는 실제로 일어나는 일이며, 육체와 분리된 정신에서 일어나는 상상적 해프닝 같은 것이 아니다. 지각이 사물의 심장에서 일어나는 곳, 그것이 실재다.(가브리엘, 2022: 41)

지각의 실재성

존재하는 것 모두를 포괄하는 무제약적 총체성으로서 '세계' 개념은 예를 들어 베수비오산이 우리에게 보이는 방식들과 베수비오산 자체를 대립시키고, '베수비오산 자체'를 그것이 우리에게 보이는 가능한 모든 방식의 총체로 규정한다. 우리는 베수비오산이 우리에게 보이는 모든 방식의 총체에 절대로 도달할 수 없을 터이니 이로부터 우리는 결코 실재를 인식할 수 없다는 회의주의나 결국 각자가 개념화·묘사·구성하는 베수비오산만 존재한다는 상대주의적 구성주의가 귀결된다.

이 비실재론적 입장은 베수비오산을 바라보는 우리의 위치와 시점이 전적으로 주관적이고 사적인 것으로 여겨지기 때문에 생겨난다. 그러나 실재를 접하는 시점이나 위치는 그 실재와 동떨어진 인식 주관에 포함되는 것이 아니라 그 자체가 이미 실재적이다. 어디서 접근하는지에 따라 대상이 다르게 보이는 것은, '외부'에 있는 대상에 대한 우리의 주관적 접근 때문이 아니라 우리와 그 대상이 실재의 한복판에서 직접 접촉하기 때문에 일어나는 일이다. "지각에서 주체와 대상의 관계 자체가 실재의 일부다. 그런 관계가 생겨난다는 것이 바로 실재적이다. 지각은 '우리 머릿속'에 있는 것이 아니[라] … 실지로 거기에 있다."(가브리엘, 2022: 51)

화산이 보이는 방식은 화산과 당신만큼이나 실재적이다. 화산이 보이는 방식은 당신과 화산 사이의 물리적 현실에서 엮이는 관계이기 때문이다.… 나폴리에서 베수비오 화산을 지각할 때 우리는, 다른 것들과 함께, 베수비오 화산이 우리가 있는 곳에서 일정한 방식으로 보인다는 정보를 접수한다. 베수비오산의 심적 이미지(내게는 그 산이 당신에게 보이는 것과 다르게 보인다는 사실)는 두뇌가 만들어 내는 것이 아니라 두뇌 장치의 도움으로 우리가 샘플링하는 것이다.(가브리엘, 2022: 53)

참고문헌

김남시(2024). "신실재론 미학의 쟁점 2: 마르쿠스 가브리엘의
　　신실재론 예술론". ≪미학예술학 연구≫, 71집.

마르쿠스 가브리엘 지음, 김희상 옮김(2017). ≪왜 세계는 존재하지
　　않는가≫. 열린책들.

마르쿠스 가브리엘 지음, 전대호 옮김(2021). ≪생각이란 무엇인가≫.
　　열린책들.

마르쿠스 가브리엘 지음, 김남시 옮김(2022). ≪예술의 힘≫. 이비.

Gabriel, M.(2016). *Neutraler Realismus: Jahrbuch-Kontroversen
　　2*. Buchheim, T.(hg.). Freiburg & München: Verlag Karl
　　Alber.

Gabriel, M.(2021). *Sinn und Existenz: Eine realistische
　　Ontologie*(3. Auflage). Berlin: Suhrkamp Verlag.

Gabriel, M.(2023). *Fiktionen*(erste Auflage). Berlin: Suhrkamp
　　Verlag.

04
의미장 존재론

신실재론의 관점과 문제의식에 의거한 존재론이 의미장 존재론이다. 여기서 '존재하는 것'은 '의미장에 나타나는 것'으로 정의된다. 의미장에 나타난다는 것은 모든 존재가 자신이 나타나는 구체적인 배경과 맥락을 가짐을 뜻하며, 이와 맺는 관계를 통해서만 이해될 수 있음을 의미한다.

의미장

'의미장(Sinnfeld)'은 '의미'로 번역되는 'Sinn'과 '장(場)'으로 번역되는 'Feld' 두 단어로 이루어져 있다. '의미(Sinn)'는 철학적 회의주의와 대결하는 과정에서 자라난 아이디어가 고틀로프 프레게(Gottlob Frege)의 논의와 만나 형성된 신실재론의 핵심 개념이다.

프레게는 '동일성 문제'를 해결하기 위해 '의미' 개념을 제안한다. 동일성 문제란 이를테면 '금성'은 "새벽별" 또는 "저녁별"로 불리는데, 이들이 사실상 서로 같은 것이면서도 다르다는 사실을 어떻게 이해할 것인지 묻는 질문이다. 이 질문에 답하기 위해 프레게는 '의미'와 '지시체(Bedeutung)'를 구분하고 '의미'를 '주어짐의 방식(Art des Gegebenseins)'으로, '지시체'를 '주어진 대상 자체'로 정의한다. 이에 따르면 새벽별과 저녁별은 금성이 새벽과 저녁에 서로 다르게 '주어지는 방식'으로서 금성의 '의미'가 된다. 마찬가지로 "4+4", "5+3", "1+7"은 숫자 8이 '주어지는 서로 다른 방식들'로서 8의 '의미'다(Gabriel, 2016: 312). 의미장 존재론(Sinnfeldontologie, SFO)은 "주어짐의 방식"이라는 표현에 담긴 신학적 함축을 제거하고, "의미"를 "나타남(Erscheinen)의 방식"으로 고쳐 말한다. 이로부

터 의미장 존재론의 '존재(Existenz)'에 대한 정의가 도출
된다. '존재는 의미장에 나타나는(erscheinen) 것이다.'

> 존재하는 것은 한 의미의 장에 나타난다. 의미의 장도 다른
> 질서의 의미의 장에 현상되며 따라서 존재한다. 모든 것이
> 존재하며 이때 중요한 것은 '그것이 어떤 의미의 장에 나타
> 나는가'라는 통찰에 대한 존재론적 분석이다.(Gabriel, 2017:
> 196)

'의미장에 나타나는 것'이라는 존재의 정의는 '발생하다',
'돌출하다'의 의미를 내포하는 동사 '존재하다(existieren)'
의 어원과도 관련된다. 존재란 어딘가에서 돌출하거나 두
드러져 나오는 것이다. 존재란 배경에서 자신을 드러내는
것, 배경에서 전경화하는 것이다.

> '존재한다는 것은 어떤 의미장에 나타나는 것'이라는 의미
> 장 존재론의 중심 테제는 나타남(Erscheinung)을 인간의 현
> 상 조건에 제한하지 않는다. 나타나는 것은 전경화하는 것
> 이고 자신을 드러내는 것(zeigt sich)이며 그렇기에 우리에게
> 도 어떤 배경(Hintergrund)으로부터 자신을 드러내는 것이
> 다.(Gabriel, 2021: 191)

존재는 늘 그로부터 자신을 전경화하는 배경을 갖는다. 그 배경이 '의미장'이다. 모든 존재는 특정한 의미장에서 '나타난다'. 여기서 '나타남의 방식'으로서 의미는 실재에 대한 인식 주체의 유한성의 산물(Gabriel, 2021: 457)이 아니다. '의미'를 어떤 미지의 대상 X가 '우리에게 나타나는 방식'으로 보면 이는 물자체와 현상을 구분하는 칸트적 구도를 따르는 것으로, 의미와 물자체로서 실재 사이에 넘을 수 없는 간극이 있고 우리는 결코 실재를 알 수 없다는 회의주의로 귀결되고 만다. '나타남의 방식'으로서 의미는 실재에 접근하는 우리의 조건이 아니라 실재 자체의 속성(Gabriel, 2021: 484)이다. 존재는 늘 구체적이고 특정한 방식으로 나타나며, 그 '나타남의 방식'은 우리에 의해 구성되거나 산출되는 것이 아니라 발견되는 것이다(Gabriel, 2021: 484). 한 의미장에서 존재가 그렇게 나타나는 것은 그 존재가 바로 그런 방식으로 자신을 드러내기 때문이다.

존재론적 맥락주의

소박한 개물(個物) 존재론(Einzeldingontologie)은 존재를 그것이 나타나는 배경·의미장이 없는 독립적인 개별 객체로 보고, '세계'를 그러한 개별 객체들의 집합으로 파악한다. 그런데 이 입장은 "무엇이 개별 객체인가"라는 질문 앞에서 모순에 빠진다. 예를 들어 나의 손은 해부학의 관점에서는 골격, 핏줄, 피부의 구성체이고, 입자물리학의 견지에서는 무수한 미립자들의 집합체이며, 누군가에게는 페티시 오브제일 수도 있다. 그렇기에 무언가를 '개별 객체'로 규정하려면 먼저 그것을 어떤 특정한 개념적 관계 틀에 귀속할 것인지 결정해야 한다(Gabriel, 2014: 75). '세계'를 개별 사물·객체들의 집합으로 파악하기 위해서라도 먼저 어떤 맥락과 배경, 곧 어떤 의미장에 나타나는 것을 '개별 객체·사물'로 지칭할지 결정하지 않을 수 없다는 것이다.

마찬가지로 개별 객체의 특정 속성에 대한 진술 역시 그 객체가 나타나는 맥락을 전제한다. 예를 들어 "눈이 희다"라는 진술은 현미경으로 눈 결정을 보지 않고, 쌓인 눈을 밤에 보지 않으며, 여러 종류의 '백색'을 판별하지 않는 등의 맥락에서만 타당하다. 이처럼 "'세계'에 대한 우리 진술의 내용은 맥락과 무관하게 규정될 수 없다. 여기서 한 맥락은, 그 맥락 내에서 반드시 명료한 것은 아닌 일련의 개념적 결정들을 통해 개별화된다"(Gabriel, 2014: 75). 모든 존재는 자신이 나타나는 특정한 맥락과 배경을 갖는다. 곧 존재는 늘 특정한 의미장에 나타난다.

예를 들어 책상 위에 청색, 적색, 흰색 주사위가 있다고 가정해 보자. 철학에 문외한인 사람에게 책상 위에 대상이 몇 개 있는지 물어보면 보통 '3개'라고 답할 것이다. 그는 주사위 수를 헤아린 것이다. 그런데 형이상학적 성향을 띠는 입자물리학자는 주사위가 아니라 원자를 대상으로 간주해 'n개'라고 답할 수도 있다. 누군가는 주사위의 면들을 대상으로 헤아려 '18개'라고 답할 수도 있고, 또 다른 이는 주사위들이 모여 있는 구조를 '미술 작품'으로 여길 수도 있다(Gabriel, 2017: 196).

여기서 3개의 주사위, n개의 원자, 18개의 면, 한 점의 미술 작품은 실재를 개별화하는 우리의 개념적 틀이면서 동시에 대상들을 서로 다른 방식으로 나타나게 하는, 질서를 부여하는 규칙들(Anordnungsregeln)로서 의미다. 책상 위에 주사위가 3개 있다는 것이 주사위에 대해 객관적으로 참이듯, 거기에 원자가 있다는 것도, 18개의 면이나 한 점의 작품이 있다는 것도 우리 의식에 독립적으로 객관적인 사실이다. 구성주의의 주장처럼 우리가 어떤 대상을 그에 접근하는 개념적 틀에 따라 다르게 파악·구성하는 것이 아니라, 우리의 감각(Sinne)이 실재하는 서로 다른 의미(Sinn)를 포착하는 것이다.

참고문헌

김남시(2024). "신실재론 미학의 쟁점 2: 마르쿠스 가브리엘의
    신실재론 예술론". ≪미학예술학 연구≫, 71집.

Gabriel, M.(2014). *An den Grenzen der Erkenntnistheorie: Die
    notwendige Endlichkeit des objektiven Wissens als Lektion
    des Skeptizismus.* Freiburg & München: Verlag Karl Alber.

Gabriel, M.(2016). *Die Erkenntnis der Welt: Eine Einführung in
    die Erkenntnistheorie.* Freiburg & München: Verlag Karl
    Alber. 312.

Gabriel, M.(2017). Sinn, Existenz und das Transfinite. In Gabriel,
    M., Olay, C., & Ostrich, S.(Ebs.). *Welt und Unendlichkeit:
    Ein deutsche-ungarischer Dialog in memoriam Laszlo
    Tengelyi.* Freuburg: Verlag Herder GmbH.

Gabriel, M.(2021). *Sinn und Existenz: Eine realistische
    Ontologie*(3. Auflage). Berlin: Suhrkamp Verlag.

05
존재론적 기술주의

존재론적 기술주의는 모든 존재가 그것이 나타나는 의미장에 의해 개별화된다는 테제다. 의미장에 나타나는 모든 존재는 그 나타남의 방식을 통해 늘 구체적으로 존재한다. 그로 인해 우리는 모든 존재를 참이거나 거짓일 수 있는 방식으로 기술할 수 있다. 이러한 나타남의 객관적 구조는 허구나 상상, 꿈의 의미장에 나타나는 존재들에게도 적용된다.

존재론적 기술주의

모든 존재가 그 배경과 맥락에서 나타난다는 것, 다시 말해 모든 것이 언제나 "한 의미장과의 관계 속에서만 존재한다는 것"(Gabriel, 2023: 160)은 중요한 존재론적 함의를 띤다. 모든 존재가 구체적이고 특정한 '나타남의 방식'으로 개별화한다는 것이다. 이러한 구체적인 나타남의 방식들(의미)로부터 표백되어 '단독으로 존재하는 것'은 형이상학적 개념일 뿐 실재하지 않는다. 이것이 존재론적 기술(記述)주의(ontologischer Deskriptivismus) 테제다.

> 존재하는 것은 항상 이리저리하며 저러저러한 어떤 것이다.… 그 어떤 것도 단지 그렇게(so) 존재하는 것이 아니라, 이리저리하며 저러저러하다는(ein So-und-so ist) 테제를 나는 존재론적 기술주의라 부른다. 존재론적 기술주의는 존재하는 것이 모두 이리저리하며 저러저러한 것으로 기술될 수 있다고 상정한다.(Gabriel, 2016: 84)

모든 존재는 의미장에 나타남으로써 고유한 속성을 띠는 것으로 개별화한다. 의미장에 나타나는 것들은 이 '나타남의 구조'를 통해 객관성을 획득한다. 이를 통해 우리는 그 존재를 의미장 내 다른 존재와 구별할 수 있을 뿐 아니라 참/거짓의 구분이 가능한 진술로 기술할 수 있다. 실재 (Wirklichkeit)란 "우리가 그에 대해 진리 능력이 있는, 그러나 필연적으로 참은 아닌 확신을 가질 수 있는 것"(Gabriel, 2023: 117)이다. 의미장에 나타나는 존재가 실재성을 띠는 이유도 여기에 있다.

물리적 의미장에 나타나는 사물들뿐 아니라 상상이나 픽션, 꿈의 의미장에 나타나는 것들도 참과 거짓 판별이 가능한, 곧 진리 능력 있는 진술로 묘사할 수 있는 실재다. 영화나 소설, 드라마 등 픽션의 의미장에 나타나는 것들도 바로 그 나타남의 방식을 통해 인식론적 객관성을 띤다. 내가 꿈에서 대한민국 대통령을 보았다면 나는 내 꿈의 의미장에 나타난 그의 생김새, 행동거지 등을 통해 내 꿈에 나타난 인물이 미국 대통령이 아닌 대한민국 대통령이라고 확신할 수 있으며 이를 사람들에게 주장할 수도 있다. 나는 영화 <에이리언>의 외계 생명체에 대해서도 진리 능력 있는 진술로 기술할 수 있다. 그것이 머리가 세 개인 케르베로스처럼 생겼다고 주장한다면 나는 오류를 저지르는 것이다. <이상한 변호사 우영우> 속 우영우는 진리 능력 있는 진술로 묘사할 수 있는 실제 대상이다. 아무리 그럴듯하게 꾸며 대더라도 "우영우는 변호사가 아니라 검사"라는 진술은 틀렸다.

존재는 의미장에 나타남으로써 구체화·개별화하며 진리 능력 있는 기술이 가능한 실재다. 존재는 이 의미장의 수만큼이나 많고 다양하다. 무엇인가가 존재하지 않는다는 주장은 특정 의미장에 대한 주장이다(Gabriel, 2021: 205). "일각수는 존재하지 않아"라는 주장이 "일각수는 물리 실험실의 의미장에 나타나지 않는다"라는 뜻이라면 타당하다. 하지만 "일각수 같은 건 어디에도 없어"라는 주장은 틀렸다. 독일 영화 <마지막 일각수>에는 일각수가 등장하기 때문이다. 우리는 그 의미장에 나타나는 일각수를 묘사할 수 있고 그 묘사의 참과 거짓을 구별할 수도 있다. "마녀는 존재하지 않는다"라는 주장은 "지금 내가 타고 가는 지하철 칸에는 마녀가 없다"라는 뜻이라면 참일 수 있지만 "마녀 따위는 없어"라고 주장하면 거짓이 된다. 영화 <위치크래프트>에는 마녀가 등장하기 때문이다. 이는 '우리 집 냉장고에 맥주가 없다'는 사실에 근거해 "맥주는 존재하지 않는다"라고 주장하는 것과 같다.

감각과 의미장

우리의 감각은 의미장에 나타나는 존재를 그것이 존재하

는 방식대로 파악할 수 있다. 이는 우리가 사물과 현상을 고립된 질(質)들로서가 아니라 그것들이 편입되어 있는 맥락과 배경 속에서 지각한다는 사실에서 확인된다.

우리는 점처럼 고립되어 있는 개별 사물들이 아니라, 어떤 환경 속에서 특정한 속성들을 띠는 사물들을 지각한다. 이 속성들은 우리의 감각적 파악 차원에서 질적이다. 다시 말해 색, 형태, 소리, 맛과 같은 감각 특정적 대상들이다. 이렇게 지각된 속성들은 본질적으로 그것들이 등장하는 맥락에 속한다.(Gabriel, 2023: 321)

지각의 원천이 독립적인 개별 사물들이라 주장하는 지각 이론은 개물 존재론과 마찬가지로 이론적 구성물이다 (Gabriel, 2023: 321). 우리는 아무 배경도 갖지 않는 참새가 아니라 구체적인 배경, 예를 들어 도로변 나뭇가지 위의 참새를 보며, 진공 속의 자동차가 아니라 학교 앞 거리를 가로지르는 자동차를 지각한다. 곧 우리는 개별 사물이 아니라 특정한 맥락과 배경에서 나타나는 사물들, 즉 그 사물들이 그 안에 편입되어 있는 사실(Tatsache)을 지각한다(Gabriel, 2023: 324).

지각은 본질적으로 사실-지각이다. 우리가 지각하는 것은 다소 형이상학적으로 우연히 같은 장소에 위치하는 고립된 개별 사물들이 아니라, 개별 사물들이 편입되어 있는 사실들(Tatsachen)이다.(Gabriel, 2023: 324)

사실을 지각할 수 있는 우리의 능력은 생물로서 인간의 오랜 진화 과정을 거쳐 획득된 것이다. 인간을 포함한 생물에게는 환경의 무한한 복잡성을 자신의 지향성에 따라 일정한 가치와 맥락으로 감축해 포착하는 것이 필수적이다. 밀림에서 사냥을 하려면 밀림의 복잡한 환경 요소들 중 특정 대상들과 사건들에 주목해 방향을 잡아야 한다. 기차역에서 열차를 놓치지 않고 잡아타기 위해서도 혼잡한 기차역의 환경 요소들을 일정한 방향성에 따라 감축해야 한다. 복잡한 비지향적 현실을 자신의 지향성과 목표에 따라 일정한 가치와 맥락에서 파악하지 못하면 그 속에서 방향을 잃게 될 것이다(가브리엘, 2021: 47). 이처럼 무한히 복잡한 실재를 한 장면(Szene)으로 포착하는 능력은 생물의 중요한 생존 조건이다.

생물인 우리는 태어나는 순간부터 장면들 안에서 활동한다. 우리는 결코 개별 사물들만 파악하는 경우가 없고 항상 맥락

들을 파악하며 거기에 기초해 개별자들을 더 정확히 탐구할 능력을 개발한다.(가브리엘, 2021: 169)

우리는 현실을 장면으로 파악하는 이 능력을 통해 현실이 존재하는 방식을 파악한다. 실재는 우리에게 포착되는 장면들, 곧 의미장들로 이루어져 있다. 무한히 많은 방식들(의미)로 나타나는 장면들(의미장)은 모두 실재하며 우리가 구성해 내는 것이 아니다. 누가 어떤 목적으로 서울역에 들어서는지에 따라 서울역은 서로 다른 장면들로 파악되거나 나타날 것이다. 특정 시각에 출발하는 기차를 타려는 이와 거기서 누군가를 만나려는 사람, 혼잡한 인파 틈에서 소매치기를 하려는 이에게 서울역은 서로 다른 장면들로 나타날 것이다. 우리의 감각은, 우리가 편의상 "서울역"이라 칭하는 실재하는 의미장들을 그것들이 존재하는 대로 파악한다.

참고문헌

김남시(2023). "신실재론 예술론의 쟁점 – 그레이엄 하먼 대
　　마르쿠스 가브리엘". ≪크래시: 기술·속도·미술시장을 읽는 열
　　시간≫. 일민미술관.

김남시(2024). "신실재론 미학의 쟁점 2: 마르쿠스 가브리엘의
　　신실재론 예술론". ≪미학예술학 연구≫, 71집.

마르쿠스 가브리엘 지음, 전대호 옮김(2021). ≪생각이란 무엇인가≫.
　　열린책들.

Gabriel, M.(2016). Für einen nicht-naturalisitschen Realismus. In
　　Marazalek, M. & Mersch, D.(hg.). *Seien wir realistisch:*
　　Neue Realismen und Dokimentarismen in Philosophie und
　　Kunst. Diaphanes.

Gabriel, M.(2021). *Sinn und Existenz: Eine realistische*
　　Ontologie(3. Auflage). Berlin: Suhrkamp Verlag.

Gabriel, M.(2023). *Fiktionen*(erste Auflage). Berlin: Suhrkamp
　　Verlag.

06
생각과 생각함

'생각'도 '생각함'도 실재하는 무언가다. 생각은 우리에 의해 산출되는 것이 아니라 발견되는 것이다. 생각함은 생각을 붙잡고 논리 법칙에 입각해 그것을 다른 생각과 연결하는 일이다. 우리가 이 생각함을 통해 실재를 포착하고 실재 속에서 방향을 잡으며 살아갈 수 있는 것은 실재가 논리적으로 구조화되어 있기 때문이다.

생각감각

실재하는 의미장을 포착하는 능력은 생물로서 진화 과정을 거쳐 획득된 것이다. 여기에는 생각감각(Denksinn)도 포함된다. 생각감각은 다른 감각처럼 우리와 실재 사이의 인터페이스이지만 다른 감각들과는 달리 접근 가능한 범위에 물리적·공간적 한계가 없다. 우리는 생각감각을 통해 수(數), 정의, 사랑, 용기, 도덕적 가치, 생각 등의 비물질적 실재들과 접촉한다.

> 우리의 생각함은 하나의 감각이며 우리는 그 감각을 통해 무한을 탐사하면서 수학을 비롯한 여러 방식으로 표현할 수 있다. 요컨대 우리의 생각함은 다른 감각들처럼 한계가 있거나 가까운 환경에 국한되어 있지 않다. 오히려 생각은 (이를테면 양자역학의 형태로) 심지어 다른 우주들과도 관련 맺을 수 있고 우리 우주의 수학적 기본 구조를 이론 물리학의 언어로 파악할 수도 있다. 그러므로 우리의 누스코프(Nooscope: 마음이라는 관찰 도구)는 신체적 실재를 넘어서 우리를 무한과 연결한다.(가브리엘, 2021: 39)

살아 있는 모든 동물은 생각감각을 통해 실재와 접촉

한다. 먹이와 포식자를 구별하고 서식지를 찾아가는 등의 활동은 생각감각이 없다면 불가능하다. 그 점에서 "인간은 생각감각을 보유한 유일한 생물은 아니"다. 하지만 인간은 "특별히 발달한 생각감각을 지닌 생물이다"(가브리엘, 2021: 152). 그 이유는 인간이 본질적으로 역사적 생물이기 때문이다. 인간은 신화라는 형식의 이야기를 통해 자신이 누구인지에 대한 자화상을 만들어 내고 교육과 문화를 통해 이를 전수하며 생각감각을 발달시킨다. 다른 동물들이 주로 타고난 생각감각에 의존한다면 인간의 생각감각은 역사적이고 사회문화적으로 훈련(가브리엘, 2021: 470)된다.

생각의 실재성

생각(Gedanke)은 생각감각이 접촉하는 비물질적 실재다. 가브리엘은 프레게의 논지를 수용해 '생각함(Denken)'이 "생각을 붙잡는 일"이라고 말한다. 생각은 우리가 그것을 생각하는지 아닌지에 독립적인 실재이기 때문이다.

생각은 생각하는 생물에 속하지 않는다. 생각은 객관적으로

존재하는 구조이며, 대상들은 그 구조를 통해 서로 관계 맺는다.(가브리엘, 2021: 442)

우리는 어떤 생각에 대해 평가하고 판단하거나 한 생각을 둘러싸고 논쟁을 벌일 수도 있고, 어떤 생각을 다른 사람과 공유할 수도 있으며, 내가 과거에 붙잡았던 생각을 시간이 지난 후 다시 붙잡을 수도 있다.

어떤 생각을 붙잡는 일, 곧 나의 생각함은 내가 붙잡는 생각이 참인지 거짓인지와 구별된다. 우리는 한 생각, 예를 들어 '지구는 평평하다'라는 생각을 참이라고 받아들이지 않으면서 그에 대해 생각할 수 있다. 한 생각이 참인지 또는 거짓인지와 그 생각을 내가 '참이라고 여기는지 아닌지(Für Wahr-Halten)'는 서로 다른 문제다. 참인 생각을 거짓으로 여기거나, 거짓인 생각을 참으로 여길 때 오류가 생겨난다.

2+2=5라는 생각은 거짓이다. 내가 이 생각을 참이라 간주하면 나는 오류를 범하는 것이다. 생각 자체는 오류를 범하지 않는다. 생각은 거짓일 따름이다. 특정한 생각이 진실이나 거짓이라고 주장하면 나는 오류를 범한다. 오류 가능성은 인간의 생각함을 통해 등장한다. 생각이 거짓이라는 것은 아직

오류가 아니다. 우리는 오류를 범할 수 있기에, 사실이 존재함이 틀림없다. 우리가 그릇되게 파악할 수 있는 사실들이 존재하지 않는다면 오류를 범하는 것은 불가능하다.(가브리엘, 2021: 444)

한 생각이 참이라는 것은 그 생각이 "사실(Tatsache)"임을 뜻한다. '2+2=4'나 '모든 인간은 죽는다'라는 생각은 참이며 그래서 사실이다. 이 생각들은 내가 그 진리성을 인정하지 않아도 참이고, 내가 그것을 생각하지 않더라도 참이며, 그렇기에 사실이다. 이 점에서 생각은 "뇌의 상태도 아니고 물리적으로 측정 가능한 모종의 정보 처리도 아닌"(가브리엘, 2021: 42) 비물질적 실재다. 실재는 본질적으로 참인 생각들로 이루어져 있다. 그 생각들을 붙잡음으로써 우리는 실재를 파악할 수 있다. 이것이 학문이 하는 일이다. "학문의 일은 진실인 생각들을, 창조하는 것이 아니라 발견하는 것이다."(가브리엘, 2021: 441)

생각과 실재

한 생각을 참이라고 여긴다는 것은 그 생각이 참임을 입증할 방법을 떠올릴 수 있다는 뜻이다. '오늘 서울에는 눈이 온다'라는 생각을 참이라고 여기는 나는 그를 입증할 여러 방법들을 알고 있다. 한 생각이 참임을 입증하는 것은 그 생각을 다른 생각들과 연결하는 것이다. 생각과 생각들의 연결을 다루는 것이 논리학이다. 논리학은 "어떤 조건하에서 생각들이 서로 연결되고 서로에게 번역될 수 있는지 서술한다"(가브리엘, 2021: 204). 논리학은 "참인 생각들에서 참인 생각들을 확실하게 도출하려 할 때 어떻게 생각해야 하는지"(가브리엘, 2021: 214)를 논리 법칙으로 제시한다. 우리는 이 논리 법칙에 의거해 생각들을 연결하고 그로부터 다른 생각들을 도출한다.

"실재는 논리적으로 구조화되어 있다."(가브리엘, 2021: 133) 우리는 '철수가 지금 서울에 있으니 부산에 있을 수 없다'라는 논리에 따라 행동한다. 우리가 현실에서 무언가를 계획하고, 기계를 설계하고, 물리학·화학·생물학 실험을 조직하고, 기업이나 국가를 운영하는 것이 가능한 이유는 실재가 논리적으로 구조화되어 있기 때문이다.

그러나 우리의 생각함이 실재를 완전히 포착하지는 못한다. 물리학이나 정보학의 논리적 구조는 실재 자체의 논리적 구조와 부분적으로만 겹친다. 물리적 실재는 항상 그 실재를 단순화한 이론적 모형보다 더 복잡하다. 그렇기에 우리는 실재에 대해 언제든 틀릴 수 있다. 실재론은 "우리가 우리의 견해를 실재하는 사정에 맞춰야 한다"는 것을 실재의 결정적 특징으로 간주한다. 실재하는 것은 늘 우리를 놀라게 할 수 있다. 실재는 사건의 성격을 띤다. 실재가 어떻게 전개될지는 원리적으로 완벽히 예측할 수 없다. 이런 이유로 캉탱 메이야수는 "우리가 확실히 인식할 수 있는 것은 오로지 실재의 근본적 우연성(Kontingenz)뿐이다"라고 말한다(가브리엘, 2021: 411).

가브리엘에 따르면 절대적 관념론이 "실재의 인식 가능성을 과대평가"하는 반면, 메이야수를 포함한 사변적 실재론자들은 "실재의 인식 가능성을 과소평가"한다. "신실재론은 중간 위치를 선택한다.… 실재는 인간에게 온전히 인식 가능하지도 않고 인간의 인식에서 원리적으로 벗어나 있지도 않다."(가브리엘, 2021: 412)

생각함과 실재

생각을 붙잡는 일, 곧 '생각함'도 실재적이다. 우리가 생각하는 바는 우리 안에서 떠오른다. 어떤 생각이, 왜, 지금 떠오르는지 등 생각함의 발생 조건들은 우리에게 완전히 알

려져 있지 않다. 생각함도 실재하는 무언가이기 때문이다 (가브리엘, 2021: 452).

우리가 새로운 생각을 생각할 때마다 (우리의 의식적인 삶 속에서 계속 일어나듯) 생각은 우리의 의식을 점령한다. 지금 나는 내가 이 문장을 쓰고 있다고 생각한다. 그런데 내가 이 문장을 쓰는 동안, 마치 이 문장이 내 정신을 매개로 나를 착취하면서 스스로를 완성하는 것 같다. 생각은 우리에게 일어난다. 우리는 생각을 생산하기 위해 그 배후로 물러날 수 없다. 그렇게 했다면, 우리가 만들어 내는 것은 우리가 생산하고 싶은 생각에 대한 생각일 것이고, 이 생각은 처음에 생산하려던 것이 아니게 된다. 달리 말하면, 생각함은 우리가 실지로 생각하는 생각을 경유해서만 우리의 컨트롤 아래에 있다. 우리가 우리의 정신적 삶을 컨트롤하는 길은 어떤 생각을 생각할지, 어떤 것을 생각하지 않을지 분류함으로써, 곧 무엇을 참으로, 무엇을 거짓으로 받아들일지 결정하는 것이다. 그런데 이 행위 또한 결코 완전히 컨트롤할 수 없다.(가브리엘, 2022: 96)

"특정한 생각이 정확히 우리에게 어떻게 떠오르고 처리되는지, 구체적 사유 과정이 정확히 어떻게 진행되는지는 오직 또 다른 생각을 통해서만 파악될 수 있다. 어떤 생각도 자신을 현행범으로 체포하지 못한다."(가브리엘, 2021: 452) 인간의 생각감각은 수백만 년 진화 과정의 무수한 생존 조건들과 떼려야 뗄 수 없이 얽혀 있기에(가브리엘, 2021: 464) 우리는 우리 생각함의 과정들 배후에서 그 과정을 완전히 통제할 수 없다. 이 때문에 "우리의 모든 사유 과정은 우리 몸에서 일어나는 무의식적 과정들과 무의식적 기본 태도에 의해서 결정된다"라는 생각함에 관한 소외 이론이 대두했다(가브리엘, 2021: 457). 하지만 우리의 모든 사유 과정이 무의식적 충동에 의해 조종되는 것은 아니다. 그렇다면 인간의 생각함에 대해 생각하는 심리학이나 철학은 불가능할 것이다.

인간의 생각감각은 서로 영향을 주고받는 인간의 두 가지 성분과 관련된다. 생물종으로서 인간의 생각감각은 선천적이고 생물학적이지만, 역사적 생물로서 인간의 생각감각은 역사적·사회적 인공물이기도 하다(가브리엘, 2021: 470).

참고문헌

마르쿠스 가브리엘 지음, 전대호 옮김(2021). ≪생각이란 무엇인가≫.
　　열린책들.
마르쿠스 가브리엘 지음, 김남시 옮김(2022). ≪예술의 힘≫. 이비.

07
신실존주의

신실존주의는 인간의 마음을 두뇌에 대한 자연과학적 연구로 밝혀내려는 자연주의적 방법론에 맞서 인간을 정신적 생물로 정의하고자 하는 시도다. 인간은 자신이 누구인지에 대한 정의에 입각해 행동하는 정신적 생물이다. 인간이 자기 자신을 이해하는 방식은 역사적으로 변화해 왔으며 이는 인간의 행동 방식 자체를 변화시킨다.

정신적 생물, 인간

신실존주의(neo-existentialism)는 2018년 출간된 ≪신실존
주의: 자연주의의 실패 이후 인간 마음을 어떻게 파악할 것
인가(Neo-existentialism: How to Conceive of the Human
Mind After Naturalism's Failure)≫(Gabriel, 2018)에서 본
격적으로 제시된 논제다. 제목이 암시하듯 가브리엘은 인
간의 마음을 두뇌와 같은 물리적 대상으로 귀착시키는 자
연주의적 환원에 맞서 마음(mind)에 대한 이론을 제시한다.
   가브리엘에 따르면 '마음'이라는 용어는 명백히 물리적
인 것들과 현실에 존재하지 않는 것들을 포괄하는 잡다하
고 포괄적인 용어(messy umbrella term)로, 사실상 그에 상
응하는 단일한 현상이나 실재는 존재하지 않는다. 그럼에
도 인간이 '마음'에 대한 탐구를 지속해 온 것은 "순수하게
물리적인 우주와, 다른 동물계의 구성원과 자신을 구별하
려" 하기 때문이다. 가브리엘에 따르면 인간은 '인간이란
무엇이고 무엇이어야 하는가'라는 인간상(Menschenbild)
을 필요로 하는 존재다. 달리 말하면 인간은 "한편으로 자
연의 물리적 법칙에 지배되는 무생물 대상들로 가득한 세
상과, 다른 한편으로 생물학적 척도에 의해 추동되는 동물
들로 가득한 세상"(Gabriel, 2018)으로부터 자신을 구별하

려 한다는 것이다.

가브리엘은 인간이 자기 자신을 서술하기 위해 사용해 온 단어들의 목록을 "사유 어휘(noetisches Vokabular)" (가브리엘, 2021: 297) 혹은 "심적 어휘(mentalistic voca-bulary)"(Gabriel, 2018)라고 부른다. 이는 우주에서 인간의 위치를 설명하는 여러 신화와 종교는 물론, 인간을 정의하는 철학적·인류학적 입장들, 나아가 '마음'이라는 용어가 포괄하는 신경, 지성, 의식, 이성 등의 개념들도 아우른다. 이러한 "인간의 자기 서술들, 곧 인간상들 가운데 어떤 것이 득세하느냐는 통시적으로뿐 아니라 공시적으로도 아주 큰 폭으로 가변적이다"(가브리엘, 2021: 470). 심적 어휘들은 세월이 흐르면서, 다양한 언어와 발화자들에 의해 계속 변화해 왔다. 그럼에도 이러한 심적 어휘들이 존재한다는 것은 인간이 자기 자신을 자연종(natural kinds)과 구별해 이해하려는 존재임을 입증한다. 이러한 "심적 어휘들을 함께 묶어 주는 불변하는 통일적 구조"(Gabriel, 2018)가 정신(Geist)이다.

인간에 대한 모든 규정은 자기 규정이다. 이 자기 규정은 단순히 자연적 사실들만 열거할 수 없다. 인간은 정신적 생물이기 때문이다. 정신이란 '인간은 누구인가'에 관한 표상에

비추어 삶을 꾸려 가는 능력이다.(가브리엘, 2021: 23)

인간은 '인간이란 누구인가'에 대한 자기 규정을 통해 자신을 설명하려는 '정신적 생물'이다. 이것이 신실존주의의 테제다. 신실존주의는 삶의 의미란 외부에서 주어지는 것이 아니며, 인간은 스스로 자신 삶에 의미를 부여하며 살아가는 존재라고 말하는 실존주의의 논제를 계승한다.

비자연주의적 실존주의

두뇌의 물질-에너지적 구성을 분석해 인간의 '마음'을 해명하려는 자연주의는 정신과 자연종 사이의 간극을 인정하지 않는다. 마음을 두뇌나 신경 회로와 동일시하고 모든 인간 행위를 진화생물학이나 심리학으로 설명하려는 시도는 정신적인 것에 대한 우리의 관계가 자연적 현상들에 대한 우리의 관계와 전적으로 다르다는 점을 간과한다. 예를 들어 물리적 대상, 보손(boson)이나 게이지(gauge)는 내가 그에 대해 잘못된 믿음을 갖는다고 해서 그 본성이 바뀌지는 않는다. 하지만 내가 스쿼시 세계 챔피언이 될 만큼 뛰어난 선수라는 잘못된 믿음은 나 자신을 바꿀 수 있다.

그 잘못된 자기 개념에 고착한 나는 경기에서 질 때마다 내가 진 것은 상대 선수의 행운일 뿐이라고 설명할 것이다. 이는 완전한 자기기만으로 자라 내 삶을 규정할 수도 있다.

> 보손에 대한 나의 오류는 보손을 바꾸지 않지만 자기기만은 나를 바꾼다. 어떤 경우 자기기만은 우리가 그것을 알아차리지 못할 정도로까지 사람들을 바꾼다.(Gabriel, 2018)

인간은 스스로를 어떻게 개념화하는지에 따라 달라진다. 이것이 자연종과는 다른 정신적 존재 고유의 특징이다. "인간은 '인간이 무엇인가'라는 개념의 견지에서 그들의 삶을 산다." 자연종은 그에 대한 우리의 잘못된 지식과 무관한 방식으로 존재하는 반면, 행위자로서 우리 자신에 대해 잘못 알고 인간이 물질적 법칙의 지배를 받는 존재라고 믿게 되면 이는 즉각적으로 행위자로서 우리 상태를 변화시킨다. 인간을 전적으로 자연법칙에 지배되는 자연종으로 설명하려는 생물학적 자연주의가 정신적 영역에 대한 침범일 뿐 아니라 우리의 가치 체계와 도덕성에 위협을 가하는 이데올로기인 이유도 여기에 있다.

신실존주의는 인간의 정신이 생물학적 두뇌의 활동에 의존하고 있으며, 두뇌가 없고 물질적·생리적인 몸이 없다면 우리는 존재하지 않을 것임을 인정한다. 그 점에서 정신은 자연적 원천에 의거하지 않으면 존재할 수 없다. 하지만 그렇다고 우리가 우리 자신을 어떻게 이해하고 정의하는지가 전적으로 자연적 원천에 의해 규정되는 것은 아니다. 인간은 자연종의 규정을 받는 동물이지만 자연적 조건으로 환원될 수 없는 정신적 존재이기도 하다.

인간이 '인간이란 무엇인가'에 대한 정의하에서 행위 하는 정신적 생물이라는 테제는 과학이 대상으로 삼는 경험적 사실들을 배제하지 않는다. 생물학이 인간이라는 동물은 남성과 여성 두 성별만으로 태어나는 것이 아니며, 인종들 간 유전적 차이는 없다는 사실을 밝혀 주면 그에 따라 우리의 행동은 달라진다. 흑인을 노예로 삼던 시대, 동성애를 질병으로 여기던 시대와 오늘날의 법·제도를 비교하면 알 수 있다. '인간이 어떤 존재인지'는 선험적으로 규정되는 것이 아니다. 과학이 인간에 대해 밝혀 주는 경험적 사실들은 '인간이란 무엇인가'에 대한 심적 어휘를 변화시키고, 그러한 자기 서술에 의거해 우리는 이전과는 다른 방식으로 행동하고 살아가게 된다. '인간이 어떤 존재인가'라는 생각이 우리의 사회 시스템, 살아가는 방식, 우리의 행동들을 변화시키는 것이다.

마음과 두뇌의 조건 모델

인간은 자연적 조건에 규정되면서도 "이를 초월해 '사물들이 어떻게 연관되어 있는가'라는 더 큰 지도 속으로 자신을 통합하는"(Gabriel, 2018) 정신적 존재다. 가브리엘은 이를 마음과 두뇌의 조건 모델을 통해 설명한다. 자전거와 사이클링의 관계가 그 사례다.

사이클링을 하려 할 때 자전거는 확실히 필수적이고 물질적인 조건이다. 자전거가 없다면 그 누구도 사이클링을 할 수 없을 것이다. 이는 그리 심오한 형이상학적 통찰이 아니다. 아울러 자전거의 물리적 특징들이 사이클링의 범위를 규정한다. 내가 연구실에 갈 때 타는 자전거로는 투르드프랑스 경기에서 이길 수 없다. 하지만 … 자전거는 사이클링의 원인이 아니다. 자전거는 사이클링과 동일하지 않다. 사이클링은 이론적으로나 존재론적으로나 자전거로 환원될 수 없다. 존재하는 것은 자전거뿐이라고 주장함으로써 사이클링을 제거할 수 없다는 것도 확실하다. 자전거는 기껏해야 사이클링에 개입할 수 있을 뿐인데, 이는 자전거 층위에서 물질적으로 실현된 사건이 없다면 사이클링은 발생하지 않는다는 것만 의미할 뿐이다. 하지만 이는 자전거가 사이클링을 위한 필수

조건이라는 주장을 반복하는 것일 뿐이다.(Gabriel, 2018)

두뇌는 마음의 필요충분조건이지만 그것으로 정신적 생물인 인간의 마음을 다 설명할 수는 없다. 인간은 정신과 물질이 만나 하나로 융합된 동물이기 때문이다. 인간에게 체현된 정신과 물질의 통일을 이해하려면 자연과학, 기술과학, 인문학, 사회과학이 그중 어느 한 분야에 인식론적 특권을 부여하지 않고 공조해야 한다(Gabriel, 2022: 289).

참고문헌

마르쿠스 가브리엘 지음, 전대호 옮김(2021).≪생각이란 무엇인가≫.
　　열린책들.

Gabriel, M.(2018). *Neo-existentialism: How to Conceive of the
　　Human Mind After Naturalism's Failure*. Polity.

Gabriel, M.(2022). *Der Mensch als Tier: Warum wir trotzdem
　　nicht in die Natur passen*. Berlin: Ullstein Buchverlage
　　GmbH.

08
도덕적 실재론

도덕적 실재론은 도덕적 가치가 실재한다고 주장한다. 도덕적 사실은 인간으로서 우리가 무엇을 해야 하고, 무엇을 해도 되고, 무엇을 해서는 안 되는지에 대한 도덕적 나침반이다. 도덕적 사실은 개인이나 공동체의 견해에 독립적이며, 인간이 존재했고 존재할 모든 시기에 타당하다. 우리는 도덕적 사실과 비도덕적 사실을 더 잘 구별하고, 더 많은 사실들을 인식해 가면서 도덕적 진보를 이룰 수 있다.

도덕적 사실

가브리엘은 2020년 출간한 ≪어두운 시대 도덕적 진보≫에서 새로운 도덕적 실재론을 주창한다. 그 핵심 테제는 다음과 같다.

핵심 테제 1: 우리의 개인적이고 공동체적인 견해에 독립적인 도덕적 사실들이 있다. 도덕적 사실들은 객관적으로 존재한다.

핵심 테제 2: 객관적으로 존재하는 도덕적 사실들은 본질적으로 우리에게 인식 가능하다. 곧 정신에 독립적이다. 도덕적 사실들은 인간을 향해 있으며 우리가 무엇을 해야 하는지, 무엇을 해도 되고 무엇을 못 하게 해야 하는지에 대한 도덕적 나침반이다. 도덕적 사실들은 그 핵심 성분은 명백하지만, 어두운 시대에는 이데올로기, 프로파간다, 조작과 심리적 메커니즘에 의해 감추어져 있다.

핵심 테제 3: 객관적으로 존재하는 도덕적 사실들은 인간이 존재했던, 존재하고 존재하게 될 모든 시기에 타당하다. 도덕적 사실은 문화, 정치적 견해, 종교, 성별, 출신, 외모, 나이에 독립적이고 따라서 보편적이다. 도덕적 사실은 차별하지 않는다.(Gabriel, 2020: 33)

'도덕적 사실'이란 구체적 상황에서 인간으로서 우리가 무엇을 해야 하고 무엇을 하지 말아야 하는지에 대한 답변이다. 도덕적 사실은 객관적으로 존재하는 도덕적 사태이며 한 상황에서 어떤 구체적 행동이 요청되고 허락되는지, 무엇을 해서는 안 되는지 규정한다. "도덕적 사실은 신 또는 일반적인 인간 이성 혹은 진화에 근거하지 않는다. 도덕적 사실은 다른 여러 사실들처럼 자기 자신 속에 근거가 주어져 있다."(Gabriel, 2020: 36)

도덕적 사실은 인간이 존재한 이래 모든 시대에 타당하며 종교와 문화, 성별과 연령, 정치적 견해에 독립적이다. 도덕적 사실은 내가 한국인이기에, 내가 특정 종교인이기에, 내가 좌파 또는 우파이기에 해야 하거나 하지 말아야 하는 것이 아니다. 도덕적 사실은 내가 인간인 이상 하거나 하지 말아야 하는 것이다. 도덕적 사실은 인간으로서 인간을 향하며 이 점에서 보편적이다.

도덕적 사실은 누군가 그런 의견을 형성하지 않더라도 의연히 존재하는 도덕적 가치다. 도덕적 사실과 가치는 우리에게 인식되거나 우리가 그것을 따르지 않더라도 존재한다. 예를 들어 '노예 제도는 폭력의 형태'라는 도덕적 사실은 사람들 대다수가 노예제를 자연스럽게 여겼던 시대에도 타당하다. 도덕적 사실은 특정 시대 사람들이 가지고 있는 일반적인 믿음에 독립적이다. 도덕적 가치는 어느 시대 사람들이 그것을 인지했는지 아닌지와 무관하게 존재한다.

도덕적 사실의 인식 가능성

도덕적 사실은 어떤 최상 원리로부터 연역될 수 있는 것이 아니다. 모든 도덕적 문제를 한 번에 다루는 도덕적 알고리즘, 규칙, 규칙 시스템이란 없다(Gabriel, 2020: 37). 인간의 행위가 벌어지는 상황은 늘 개별적이고 맥락에 의존하기 때문에 도덕적 사실은 그때마다 개별적 상황과 맥락 속에서 발견되어야 한다.

이를 위해서는 도덕적 사실이 우리에게 인식될 수 있는 것이어야 한다. 도덕적 사실은 원리적으로 인간에게 인식 가능하다. 도덕적 사실은 신 같은 초월적 존재가 임의로 만들어 인간에게 숨겨 놓은 비밀이 아니다. 인류 역사의 과정을 거치며 인간은 도덕적 사실을 인식하고 사회적으로 실천할 수 있는 도덕적 이성을 갖게 되었다. 우리는 양심이라는 형태로 작동하는 도덕적 이성을 통해 우리에게 도덕적으로 요구되는 것이 무엇인지 알 수 있다. 도덕적 자명성

(moralische Selbstverständlichkeit)이 그 사례다.

누구라도 물에 빠진 아이를 보면 자기 생명을 위험에 빠뜨리지 않는 한 그 아이를 구하려 할 것이다. 어떤 종교나 문화에 속한 사람이든, 심지어 무신론자조차 이 상황에서 아이를 구해야 한다는 것을 안다. 혹은 '신생아를 괴롭혀서는 안 된다'라는 도덕적 사실에 대해서는 "중국인, 독일인, 러시아인, 아프리카인, 미국인, 무슬림이나 힌두교도, 무신론자를 막론하고 그 누구도 진지하게 회의를 품지 않을 것이다"(Gabriel, 2020: 36). 이러한 도덕적 자명성은 보편적인 도덕적 가치가 존재한다는 증거다.

하지만 모든 도덕적 사실이 늘 그렇게 자명한 것은 아니다. 도덕적 사실은 다른 실재들과 마찬가지로 우리가 인식하고 언어로 표현할 수 있는 것보다 훨씬 크다. 그것이 실재하는 것이기 때문이다. 실재는 결코 우리에게 완전히 인식될 수 없다. 더욱이 인간의 행위는 상이한 시점에서 묘사될 수 있다는 점, 그 행위가 벌어지는 상황과 맥락의 복잡성 때문에 도덕적 사실을 발견하는 것은 쉬운 일이 아니다. "도덕적 질문들은 행위가 벌어지는 상황의 복잡성 때문에 객관적이지 않으며, 진리에 적합하게 대답할 수 없다는 인상이 생겨"나지만, 이는 "그 도덕적 질문이 도덕적으로 풀 수 있는 문제가 될 정도로 충분히 명료하게 정식화되지 못했기 때문"(Gabriel, 2020: 158)이다. 그렇기에 도덕적 판단을 내려야 하는 상황을 주의 깊고 차분하게 묘사하며 판단하는 깊은 숙고가 필요하다(Gabriel, 2020: 161).

도덕적 진보

도덕적 진보는 무엇을 해야 하고 무엇을 하지 말아야 할지 우리가 더 잘 인식하게 되는 것이다. 과거와 비교해 보면 우리는 인류에게 도덕적 진보가 일어나고 있음을 확인할 수 있다. 예를 들어 인간을 노예로 삼지 말아야 한다는 것이나 인종이나 종교, 성별을 이유로 사람을 차별하지 말아야 한다는 도덕적 요구의 타당성은 오늘날 모든 종교, 문화, 언어권에서 누구나 인정한다. 이러한 도덕적 진보는 어떻게 이루어지는 것일까?

　도덕적 진보는 도덕적 사실뿐 아니라 비도덕적 사실에 대한 인식을 전제한다. 도덕적 오류는 도덕적 사실을 알지 못해서뿐 아니라 도덕적 사실과 비도덕적 사실을 구별하지 못해 일어나기도 하기 때문이다. 예를 들어 오늘날 분자 생물학이 임신과 출산에 대해 알려 주는 비도덕적 사실들은 유산이 모친의 도덕적 문란이나 방종 탓이 아님을 깨닫게 해 주었다. 과거 인간에게 생겨나는 질병을 발병자의 도덕적 결점 탓으로 여기던 것은 질병이 객관적으로 확인할 수 있는 인과적 요소들로 인해 발생한다는 비도덕적 사실을 알지 못했기에 생겨난 도덕적 오류다.

그렇기에 현대 과학이 인간과 환경에 대한 사실들을 발견하는 일은 도덕적 진보의 관점에서도 중요하다. 현대의 분자생물학이 수정란의 발생 경과를 미시적으로 밝혀 줄수록 그 사실은 낙태를 둘러싼 도덕적 논의에 중요한 준거가 된다. 따라서 도덕적 사실을 발견하려면 다양한 분야의 전문가들이 각 분야의 사실들을 함께 작업해야 한다. "이 행성에서 인류의 과제는 협조를 통해 도덕적 진보를 가능하게 하는 것"(Gabriel, 2020: 16)이다.

참고문헌

Gabriel, M.(2020). *Moralischer Fortschritt in dunklen Zeiten: universale Werte für das 21. Jahrhundert.* Berlin: Ullstein Buchverlage GmbH.

Gabriel, M.(2022). *Der Mensch als Tier: Warum wir trotzdem nicht in die Natur passen.* Berlin: Ullstein Buchverlage GmbH.

09
예술의 힘

신실재론 예술론은 실재로서 예술의 힘을 강조한다. 객관적으로 존재하는 실재는 우리가 어찌할 수 없는 것이다. 예술은 이러한 실재의 힘이 가장 크게 가시화되는 영역이다. 예술 작품은 인간이 창작하지만 예술 작품의 창작도, 작품에 대한 미적 향유도 우리의 자의에 따라 이루어지지 않는다. 예술 작품은 우리의 정신을 매개로 자신을 실현하는 힘을 가진 실재다.

작품의 창작

작품의 창작이란 미적 경험을 산출하려는 목적으로 물질적 대상들과 의미장들을 함께 묶는 일이다. 가브리엘은 이를 "콤퍼지션(composition)"이라고 부른다.

> 조각은 일정한 모양으로 만들어진 물질 재료와 비물질적 아이디어의 콤퍼지션이다. 이 콤퍼지션은 다시금 비물질적이라는 사실에 유의하라. 그러니 이 작품에는 적어도 세 가지 요소, 곧 청동, 청동의 모양, 표현된 아이디어가 있는 것이다. 예술 작품은 이 중 어느 하나로 환원될 수 없다. 정확히 말해 예술 작품은 청동과 청동의 모양, 표현된 아이디어를 서로 묶어 주는 콤퍼지션에 있다.(가브리엘, 2022: 47)

그런데 물질적 대상과 의미장을 엮는 콤퍼지션은 예술가의 임의대로 이루어지지 않는다. 작가가 어떤 의도를 가졌다고 하더라도 그가 하나로 묶은 대상과 의미장은 존재적으로 안정화될 수 없기 때문이다. 예를 들어 질 들뢰즈(Gilles Deleuze)의 ≪니체와 철학(Nietzsche et la philosophie)≫에 영감을 받은 미술 작가가 '주사위'를 작품에 가져와 '영원회귀'를 상징하려 의도했더라도 작품 속 주사위가 그의 의도와 다른 의미장에서 나타날 가능성은 얼마든지 열려 있다. 작가는 주사위가 나타나는 수많은 다른 의미장들을 면밀히 조사해, 작품 속 주사위가 이를테면 '카지노'나 '도박' 등을 연상시키지 않도록 애쓰겠지만 그런다고 주사위가 연루되어 있는 실재하는 의미장들 전부를 작품에서 배제하는 것은 불가능하다. 예술가는 자신이 창작하는 작품에 대한 완전한 입법적 힘을 갖고 있지 않은 것이다.

한 예술 작품에 주어진 컴퍼지션의 존재를 아무도 의도하지 않았다면 그 어떤 예술 작품도 존재하지 않을 것이다. 예술 작품은 그것을 창조하려는 누군가의 의도 없이는 존재할 수 없다. 예술 작품은 그렇게 존재하기 위해 예술가를 필요로 한다. 하지만 이 당연한 점을, 더 많은 것을 요구하며 논증적으로도 잘못된 관점과 혼동해서는 안 된다. 즉 예술가들은 그들의 창조를 통해 특정한 의미를 전달하려고 의도하며, 그들이 의도한 의미가 우리의 해석에 결정적 규범이라는 관점 말이다. 예술가는 예술 작품의 악보(Partitur)를 창조하지만, 그렇다고 전체로서 예술 작품에 대한 입법적 힘을 가지고 있지는 않다. 전체로서 예술 작품은 본질적으로 일련의 해석들을 수반하는데, 예측불허인 그 해석들은 예술가에 의해 예견될 수도 컨트롤될 수도 없기 때문이다.(가브리엘, 2022: 69)

해석

예술가조차 자신의 창작에 대해 전권을 가질 수 없는 이유는 다름 아닌 예술이 우리가 어쩔 수 없는 실재에 의거하기 때문이다. 실재로서 예술은 정신을 매개로 우리를 규정하는데, 그것이 해석을 통해 드러난다. 예술가의 창작 과정은 그가 엮는 대상과 의미장들에 대한 '해석'이다. 소설가가 창작하는 허구적 인물은 그 인물의 성격, 행위와 말, 사건들이 설득력 있게 나타나는 의미장과 결합되어야 한다. 이를 위해서는 '해석(Interpretation)'이 필수적이다. '해석'이란 "한 의미장과 그 안에 등장하는 대상들이 수용자의 정신적 '무대' 위에서 수행(Aufführung)을 벌이는"(Gabriel, 2023: 35) 일이다. 작가는 사실적 상황의 토대 위에서 의미장을 수립하고 거기 등장하는 대상들의 객관적인 나타남의 구조를 고려해 플롯을 구성해야 한다. 이를 위해 작가는 자신이 구성해 낸 의미장과 그 안에 등장하는 대상들이 그의 정신적 '무대' 위에서 벌이는 수행을 관찰한다. 이 수행은 때로 작가 자신의 애초 의도와 맞서기도 한다. 예술 작품이 스스로 수행하는 것이다. "예술 작품은 스스로에게 자신의 법칙을 부여한다. 그러면서 예술은 해석을 필요로 한다. 반드시 그런 것은 아니지만 통상 첫 번째 해석은 예술가의 해석과 함께 일어난다. 플로베르(Gustave Flaubert)가 ≪보바리 부인(Madame Bovary)≫을 구상할 때, 예술 작품이 존재하기 시작한다. 예술 작품이 자기 자신을 수행하기 위해 예술가의 정신을 사로잡는 것이다."(가브리엘, 2022: 94)

해석은 관람자의 자의에 따라 이루어지는 것은 아니다. 그 반대다. "해석이란 자유로운 행위도, 인간 측에서 이루어지는 자율성의 행위도 아니다."(가브리엘, 2022: 88) 이는 창작자에게도, 감상자에게도 마찬가지다. 작품의 창작자는 미적 경험을 산출하려는 목적으로 대상들과 의미장들을 함께 묶는다(가브리엘, 2022: 63). 이 과정에서 작가는 자신이 가져오는 대상과 그것이 나타나는 의미장들의 실재성을 고려하지 않을 수 없다. 작가가 어떤 의도를 가졌다고 하더라도 작가가 작품에 가져온 의미장은 그 자체로 심리사회적 · 역사적으로 위치가 정해진, 작가의 개인적 해석에서 벗어나는 실재이기 때문이다. 작가가 창작한 등장인물의 성격, 행위와 말, 그가 연루되는 사건들 모두는 그것들이 개연성 있게 나타나는 의미장과 결합되어야 한다. 이를 위해 작가는 그 의미장 내 객관적인 나타남의 구조를 고려해야만 한다. 이것이 자기 작품의 첫 번째 해석자로서 작가가 해야 하는 일이며, 이를 위해 작가는 때로 작품 의미장의 독립적 힘과 맞서기도 한다.

예술 작품을 접할 때 우리는 단지 작품의 감각적 요소들 (색, 선, 글자, 소리 등)만 지각하는 것이 아니다. 우리는 한 예술 작품이 우리에게 직접적으로 보여 주는 것을 넘어 상상 속에 그 작품의 요소, 인물, 사건이 등장하는 의미장을 수립한다. 이것이 가능한 이유는 우리에게 "주어진 감각적인 것을 넘어서고, 주어진 상황을 초월(Transzendenz)" 하는 "허구생성적(fiktional) 능력"(Gabriel, 2023: 119)이 있기 때문이다. 이는 "직접적 감각의 양상에서 접근 가능한 것을 넘어" 존재하지 않는 것들을 "부재의 양상에서 존재하도록 하는"(Gabriel, 2023: 119) 능력이다. 이 능력을 통해 우리는 소설이나 드라마 등이 다 말해 주지 않는 사건의 디테일과 관련 인물들의 외양·성격 등을 떠올린다. 이것이 '해석'이다. 해석이란 우리가 접한 작품의 의미장 내 대상들로부터 촉발되어 우리 정신에 의미장을 수립하고, 거기 나타나는 존재들을 만나 대화하거나 동감하고 증오하는 일이다. 이때 "우리의 상상력은 존재하지 않는 대상들을 윤색하기 위해 실행"(Gabriel, 2023: 119)된다. 이를 통해 우리는 소설이나 드라마가 우리에게 보여 주지 않는 시간과 장소에서 등장인물이 어떤 말과 행동을 할지, 그가 어떤 감정을 느낄지 알게 된다.

아울러 해석은 작품 연구에서도 요구되는데, 예를 들

어 요한 볼프강 폰 괴테(Johann Wolfgang von Goethe)의 ≪파우스트(Faust)≫ 연구자는 ≪파우스트≫의 의미장에 들어가 거기 나타나는 등장인물들 사이의 관계, 사건 등을 진지하게 관찰해야 한다. 한마디로 해석을 위해 우리는 정신의 무대에 세운 작품의 의미장에 진입해야 한다. 이것이 미적 경험이다(Gabriel, 2023: 119).

미적 경험

미적 경험은 해석을 수행하는 우리가 예술 작품의 의미장에 끌려들어 가면서 일어난다. 창작자이건 감상자이건 일단 예술 작품의 해석에 연루되면 "그 해석은 우리를 끌어들여 우리가 그 속으로 들어가거나 빠져나올 여지가 없게 만든다. 일단 이 과정이 시작되면 우리 인간은 한 미적 경험에서 다른 미적 경험으로 이리저리 끌려다닌다"(가브리엘, 2022: 91). 미적 경험 속에서 "우리는 급진적 자율성을 갖는, 그렇기에 그 구성에 아무런 힘도 발휘할 수 없는 어떤 과정과 힘에 종속된다. 해석이란 자유로운 행위도, 인간 측에서 이루어지는 자율성의 행위도 아니다. 예술 작품은 최고로 자유롭고 막강하다. 그 힘은 도무지 인간 주체가 컨트롤할 수 없는 생경한 세력이다"(가브리엘, 2022: 88).

예술 작품의 급진적 자율성은 여기서 기인한다. 예술 작품의 창작자도, 그 감상자도 예술 작품을 해석할 때 온전히 자유롭지 않다. 해석은 우리 정신의 무대에서 이루어지지만 그 무대 위에서 수행을 벌이는 것은 우리가 아니기 때문이다. 가브리엘은 이러한 사정을 다음과 같이 표현한다. "예술 작품의 자기 구성에 내가 참여하는 정도에 따라 예술 작품은 내 정신의 무대에서 자기 자신을 수행한다. 나의 정신이 예술의 자기 표명이 되는 것이다."(가브리엘, 2022: 85)

예술은 우리의 정신을 일종의 숙주로 이용해 자기 자신을 수행한다. 이는 예술이 우리에 의해 구성되지 않는 실재, 우리 자신이 연루되어 있는 실재하는 의미장들에 기반을 두기 때문이다. 이 점에서 "예술의 자율성은 존재론적 요인이다. 예술 작품이 자율적이기에 예술이 자율적인 것이지 우리가 예술을 자율적이라고 여기거나 그렇게 보기 때문에 자율적인 것이 아니다.… 예술의 자율성은 우리의 호의에 의한 것이 아니다. 그 누구도－예술가도, 수용자도, 큐레이터나 예술시장도, 혹은 [단토(Arthur Danto)가 예술계라 부른] 그 전부라 할지라도－무언가를 승인해 예술 작품으로 만드는 것이 아니다. 그런 마법의 손가락을 지닌 자는 아무도 없다. 그렇기에 예술 작품은 절대자의 주변에서 숨을 쉰다"(Gabriel, 2016: 6).

참고문헌

김남시(2023). "신실재론 예술론의 쟁점 – 그레이엄 하먼 대
　마르쿠스 가브리엘". ≪크래시: 기술·속도·미술시장을 읽는 열
　시간≫. 일민미술관.

김남시(2024). "신실재론 미학의 쟁점 2: 마르쿠스 가브리엘의
　신실재론 예술론". ≪미학예술학 연구≫, 71집.

마르쿠스 가브리엘 지음, 김남시 옮김(2022). ≪예술의 힘≫. 이비.

Gabriel, M.(2016). Kunst und Metaphysik: Tanz mit mir!. *Kunst
　und Kirche,* 2016/04.

Gabriel, M.(2023). *Fiktionen*(erste Auflage). Berlin: Suhrkamp
　Verlag.

10
의미장 존재론과 객체지향 존재론

가브리엘의 의미장 존재론과 그레이엄 하먼의 객체지향 존재론은 유물론과 자연주의의 위계적 존재론을 비판하며 평평하고 다원주의적인 존재론을 내세운다는 점에서 같은 문제의식을 지닌다. 하지만 의미장 존재론의 '존재' 개념과 객체지향 존재론의 '객체' 개념은 근본적으로 다른 철학적 기반에 서 있어 이로부터 상이한 귀결이 도출된다.

비유물론 · 비자연주의적 다원주의

마르쿠스 가브리엘과 그레이엄 하먼(Graham Harman)은 당대 실재론을 주도하는 두 철학자다. 이 둘이 근본적인 철학적 방향에서 뜻을 같이한다는 사실은 가브리엘의 핵심 저서 ≪의미장: 신실재론 존재론(Field of Sense: A New Realist Ontology)≫이 2015년 하먼이 대표 편집자로 활동하는 <사변적 실재론(Speculative Realism)> 시리즈 중 하나로 출간되었다는 점에서도 확인된다. 그런데 하먼의 객체지향 존재론(Object Oriented Ontology, 이하 OOO)과 가브리엘의 의미장 존재론(SinnFeldOntologie, 이하 SFO) 사이에는 공통점만큼이나 큰 차이가 존재한다.

이 두 존재론은 구실재론을 대표하는 유물론의 존재론에 반대한다는 점에서 일치한다. 유물론은 세계를 연속체로 보고 그 연속체의 근본을 이루는 궁극적인 물질적 요소를 찾으려 한다. 유물론은 모든 서로 다른 존재자 사이 위계를 설정해, 어떤 존재자들은 그보다 더 근본적인 존재자들에 의해 규정된다고 본다는 점에서 전체론적이고 비다원주의적이다.

하먼은 "유물론은 해결책이 아니다(Materialism is not the solution)"라는 논문에서 존재하는 것들을 물리적 요소로 환원하는 유물론에 반대해 "세계를 형성하는 것은 물리적 요소도, 하나의 전체도 아니고 여러 객체들이다"(Harman, 2016: 97)라고 말하며 다양한 층위의 객체들의 존재를 승인한다. 실지로 OOO가 정의하는 객체(object)는 물질적이고 물리적인 것, 예컨대 다이아몬드, 밧줄, 중성자뿐 아니라 군대, 괴물 전설 속의 유니콘 등을 모두 포괄한다. 유물론은 이 모든 객체의 다수성을 인정하는 대신 "특권적 유형의 존재자를 옹호하고 그 외에 비물질적이라고 간주되는 존재자들을 희생시킨다"(Harman, 2016: 100).

OOO와 SFO가 공히 유물론이나 자연주의에 반대하는 이유는 그것들이 비물질적 존재/객체를 물리적·물질적 존재/객체에서 파생된 것으로 여겨 존재론적 위계를 만들기 때문이다. 객체를 그 물질적 구성 요소로 환원하는 하방환원(undermining), 그 객체의 효과나 관계로 환원하는 상방환원(overmining)을 거절하고 모든 객체에 동등한 존재론적 위치를 부여하려는 하먼의 '평평한 존재론(Flat Ontology)'은 이 점에서 유물론과 기본적으로 대립한다. 하먼은 ≪비유물론(Immaterialism)≫에서 다음과 같이 말한다.

비유물론은 모든 규모에서 존재하는 존재자들을 어떤 근본적인 구성적 층위로 용해하지 않은 채 있는 그대로 인정[한다]. 특정한 피자헛 매장은 그 매장을 구성하는 종업원과 탁자, 냅킨, 분자, 원자보다 더도 덜도 실재적이지 않고, 게다가 그 매장의 경제적 영향이나 공동체적 영향, 피자헛 본사가 위치한 위치토라는 도시, 피자헛 기업 전체, 미합중국, 또는 행성지구보다 더도 덜도 실재적이지 않다.(하먼, 2020: 62)

'객체'와 '존재'

하지만 OOO와 SFO 사이에는 근본적인 차이가 있다. 이는 각각의 핵심 개념인 '객체' 개념과 '존재' 개념에서 분명하게 드러난다. SFO의 존재(Existenz)는 '의미장에서 나타나는 것'이다. 모든 존재는 그로부터 자신이 부각되는 배경과 맥락을 지니며 그 구체적인 의미장에 의해 비로소 개별화된다. 이러한 배경과 맥락이 없는 것, 단독으로 있는 것은 존재하지 않는다. 플라톤적 이데아의 관점에서 '책상', '의자', '사람'의 개념을 떠올릴 때에도 이들은 구체적인 개별 성질들로부터 추상화된 맥락이라는 특정한 의미장에서 나타난다. 모든 것이 자신이 나타나는 맥락과 배경 속에 존재한다는 것은 SFO의 핵심 테제다. 이 점에서 SFO는 존재론적 관계주의(ontologischer Relationismus)다. "존재론적 관계주의는 무언가가 언제나 어떤 의미장과의 관계 속에서만 존재한다는 것이다."(Gabriel, 2023: 160)

OOO는 관계주의를 거부한다는 점에서 SFO와 결정적으로 구분된다. 하먼에게 관계주의란 객체를 그 내적 본질이 아니라 다른 객체와의 관계에 의해 규정하려는 입장이다. 하먼은 관계주의를 직서주의(literalism)와 다름없는 것으로 보고 객체지향 철학이 극복해야 할 첫 번째 대상으로 삼는다(김남시, 2022: 84). OOO의 반(反)관계주의는 그 자신의 본질 외에 그 어떤 것으로도 환원할 수 없는 객체의 자립성과 고유성을 강조하기 위한 것이다. 한 객체는 언제나 다른 객체와의 접촉이나 관계보다 더 깊으며, 그 관계로 결코 용해되지 않는 어떤 잉여를 갖는다는 것이다(Harman, 2011: 295).

한 사람의 본질은 존재하는가

두 존재론의 이러한 차이는 어떤 구체적 함의를 띠는가? 존재는 늘 특정한 의미장에 나타나며, 특정한 배경과 맥락 없이 단독으로 있는 것은 존재하지 않는다는 의미장 존재론의 함의는 언뜻 생각하는 것보다 급진적이다. 이는 서로 다른 의미장에 나타남으로써 다르게 개별화되고 그를 통해 구체적인 질과 속성을 지니는 존재들만 존재하며, 그 어떤 의미장에 나타나더라도 불변하는 본질 같은 것은 존재하지 않는다는 말이다.

이 함의를 사람에 적용해서 생각해 보자. 우리는 다양한 의미장들에 겹쳐서 살아간다. 가족의 의미장, 친구 관계의 의미장, 직장의 의미장 등이 그것이다. 우리는 이 각각의 의미장에서 그 의미장에 나타남으로써 개별화하는 서로 다른 존재가 된다. 가족의 의미장에 나타나 개별화하는 나는, 직장의 의미장이나 음악 동호회의 의미장에 나타나 개별화하는 나와 다른 존재다.

우리는 다양한 의미장들에 연루되어 살아간다. 가족에게, 직장 동료에게, 애인이나 동호회원에게 드러나는 나의 모습이 서로 다를 것이라는 사실은 사회적 생활의 상식에 속한다. 그런데 여기서 이런 질문을 던져 보자. 나의 '본질' 또는 '본성' 같은 것이 있을까?

이 질문에 대해 OOO는 당연히 '그렇다'라고 대답할 것이다. 한 객체에는 다른 객체와의 접촉이나 관계로 다 용해되지 않는 잉여와 깊이가 있다는 것이 OOO의 입장이기 때문이다. 한 객체는 그것이 맺는 관계들에서 완전히 현행화(actualize)되지 않고 물러난 본질을 지니고 있다. 나는 아들이고, 누군가의 애인이면서, 직장인이지만 나는 내가 맺고 있는 이 모든 관계에서 완전히 현행화되지 않는, 그 모든 관계로부터 물러나 있는 핵을 가지고 있다. 그것은 그 어떤 의미장에도 나타나지 않는 나의 '본성·본질'일 것이다. 하지만 결코 그 누구도 이 본성·본질에 대해 알 수 없다. 그것은 원리적으로 어떤 관계에서도 온전히 드러나거나 현행화될 수 없는 것이기 때문이다. OOO에 따르면 내가 살아가며 연루되는 모든 의미장으로부터 독립적인 나의 '본성·본질'은 분명히 존재하지만 나는 그것을 죽을 때까지 알 수 없다.

SFO의 관점에서는 이 문제를 다르게 사유한다. 나는 내가 연루된 서로 다른 의미장들에서 서로 다르게 나타난다. 우리는 오랜 철학적 습관에 따라 나의 본성·본질이 내가 연루되어 있는 모든 의미장에서 내가 나타나는 방식들의 총합을 통해 얻어질 수도 있을 것이라고 생각한다. 가족이나 직장, 친구 관계 등 개별 의미장에서 내가 나타나는 방식은 내 '본성·본질'의 한 부분일 것이라고 생각하면서 말이다. 하지만 이는 SFO가 폐기한 의미장들의 총체로서 '세계' 개념을 다시 끌어들이는 것이다. 그렇기에 SFO의 결론은 다음과 같다. 각각의 의미장에서 나타나 개별화하는 서로 다른 존재들 외에 그 모두를 총괄하는 혹은 그에 독립적인 나의 본성·본질은 존재하지 않는다.

우리가 살아가면서 연루되어 행동하는 의미장들, 그 의미장들에 나타나는 서로 다른 존재들 외에, 모든 의미장에서 불변하거나 어떤 의미장과도 무관한 한 사람의 본질이란 없다. SFO의 이런 결론은 흥미롭게도 "실존(existence)이 본질(essence)에 앞선다"라는 실존주의의 귀결과 통한다. 각각의 의미장에 나타나는 우리의 실존, 곧 존재가 의미장과 무관하게 상정되는 본질보다 앞선다. 선험적으로 나를 규정하는 본질이 없다는 것은, 인간 자유의 근본 조건일 것이다.

참고문헌

그레이엄 하먼 지음, 김효진 옮김(2020). ≪비유물론: 객체와 사회 이론≫. 갈무리.

그레이엄 하먼 지음, 김효진 옮김(2022). ≪예술과 객체≫. 갈무리.

김남시(2022). "신실재론 미학의 쟁점: 그레이엄 하먼의 형식주의 예술론 고찰". ≪미학≫, 88권 2호.

김남시(2023), "신실재론 예술론의 쟁점 – 그레이엄 하먼 대 마르쿠스 가브리엘". ≪크래시: 기술·속도·미술시장을 읽는 열 시간≫. 일민미술관.

Gabriel, M.(2023). *Fiktionen*(erste Auflage). Berlin: Suhrkamp Verlag.

Harman, G.(2011). Response to Shaviro. In Bryant, L., Srnicek, N., & Harman, G.(eds.). *The Speculative Turn: Continental Materialism and Realism*. Re.Press.

Harman, G.(2016). Materialism is not the solution. *The Nordic Journal of Aesthetics, 24*(47).

마르쿠스 가브리엘(Markus Gabriel, 1980~)

동시대를 지배하는 회의주의와 구성주의에 맞서 새로운 철학적 기반을 갖춘 실재론을 제안한 독일 철학자다. 독일 본대학교 인식론·근현대철학 담당 교수로, 2009년 28세에 독일 역사상 최연소 교수가 된 것으로 유명하다. 도덕적 상대주의와 포퓰리즘, 탈진실 등 우리 시대가 직면한 사회적·정치적 문제들과 대결하는 철학적 실천이 오늘날 철학의 주요한 임무라고 여긴다. 신실재론의 기본 프로그램을 제시한 ≪왜 세계는 존재하지 않는가≫, 인간의 마음을 뇌의 물리·화학적 작동으로 설명하려는 신경중심주의를 비판한 ≪나는 뇌가 아니다≫ 등 철학적 논의를 대중적으로 소개하는 저서들이 베스트셀러가 되기도 했다.

김남시

2013년부터 이화여자대학교 조형예술대학에서 문화이론 및 미학 담당 교수로 재직 중이다. 서울대학교에서 미학을 전공한 후 베를린 훔볼트대학교 문화학과에서 철학 박사 학위를 취득했다. 마르쿠스 가브리엘의 ≪예술의 힘≫을 우리말로 옮겼다. 그 외에 발터 베냐민의 ≪모스크바 일기≫, 프리드리히 키틀러의 ≪축음기, 영화, 타자기≫(공역), 아비 바르부르크의 ≪뱀 의식≫, 지크프리트 크라카우어의 ≪과거의 문턱≫ 등을 번역했다. 동시대 철학, 미학적 논의와 예술적 실천에 관심을 두고 비평과 연구를 진행하고 있다.